Clara Morgane symbolise aujourd'hui sans conteste le nouvel érotisme français. Sa fraîcheur et sa douceur naturelles, ainsi que son charisme, la destinent à un avenir artistique des plus prometteurs.

Kâma Sûtra

Plaisirs et Positions Amoureuses

avec Clara Morgane

Textes de Jean-Paul Delfino

ADCAN
Edition

Actimart - 1140, rue Ampère - 13795 Aix-en-Provence Cedex 03
ISBN 2-9516572-1-8

"Quand j'ai découvert le Kâma Sûtra, je me suis aperçue que c'était un livre fabuleux. Il ne se limite pas à présenter des positions amoureuses. Il nous apprend à aimer l'amour, à aimer faire l'amour.

Avec lui, on redécouvre le corps de l'autre. Mais aussi son propre corps. Baisers, effleurements, pénétrations, étreintes tendres ou torrides : le Kâma Sûtra est un manuel amoureux indispensable !

C'est pour toutes ces raisons que j'ai voulu poser pour illustrer ce livre. Le Kâma Sûtra a plusieurs centaines d'années. Je n'ai que vingt ans. Et pourtant, je me reconnais en lui..."

Clara Morgane

Sommaire

Un peu d'histoire

L'histoire

Trop souvent encore, le seul nom du Kâma Sûtra reste lié, dans l'imaginaire du plus grand nombre, à une suite d'estampes où l'érotique le disputerait au pornographique. Sans rien y connaître, sinon sa réputation graveleuse, on évoque alors pêle-mêle, dans un joyeux désordre orchestré par sa propre ignorance et ses fantasmes, des postures étranges, des corps enchevêtrés et ahanant de concert, des unions contre-nature...

Pour les plus avertis en matière de sexualité, le Kâma Sûtra n'évoque, en revanche, rien de ces orgies. À l'ère de l'image audiovisuelle et de l'Internet, ce vieux livre n'est absolument pas synonyme d'excitation et se résume à des positions amoureuses vues et revues, des enluminures naïves fleurant l'Orient et d'un exotisme suranné, des statues poussiéreuses surprises en pleine copulation immobile. Rien de bien apte à déclencher un priapisme salutaire.

Le Kâma Sûtra n'est, en fait, ni l'un ni l'autre. Ce Livre de l'Amour, car c'est ainsi que le traduit l'historien Jean Papin, constitue l'une des pierres angulaires de la littérature mondiale. Écrit vraisemblablement entre le deuxième et le sixième siècle de l'ère chrétienne, cet ouvrage échappe à toute classification. Il est, tout à la fois, traité de philosophie, témoin du passé, ouvrage sociologique patiné d'humour et de sarcasmes. Mais aussi recueil poétique, livre de cuisine et de magie, manuel éducatif, guide de savoir-vivre pour les notables raffinés et les courtisanes, codes religieux, juridique et moral. Et, bien évidemment, ouvrage érotique !

Toutefois, sur les sept chapitres qui composent le Kâma Sûtra, notre civilisation occidentale n'en a retenu qu'un : celui qui traite de l'union sexuelle et des positions amoureuses ■

L'oeuvre de Vâtsyâyana

Lorsque le Kâma Sûtra voit le jour, l'Inde atteint l'apogée de son âge d'or sous le règne des rois Gupta. Politique, arts, culture et économie sont florissants. À cette époque faste, exempte de tout excès de puritanisme, rien ne semble pouvoir bouleverser cette bonne marche du monde. Sur le plan érotique, les choses de l'amour, et tout ce qui encadre l'acte amoureux, sont codifiées, dédramatisées, expliquées aux jeunes gens de façon simple et pédagogique. L'érotisme n'est alors, tout comme la peinture ou l'architecture, qu'une forme d'art parmi tant d'autres. Elle participe de la création d'un être instruit et raffiné, souvent membre des castes supérieures.

Selon les sources, c'est un Brahmane résidant dans la ville de Pataliputra, un sage et grand lettré nommé Vâtsyâyana, qui a composé le Kâma Sûtra. Cet érudit décide de réunir en un seul volume de 1250 versets, soit 36 chapitres divisés en 7 sections comprenant 64 paragraphes, tout ce qu'il est bon de savoir, pour un jeune individu, à propos de l'amour et de ses mystères. Avant que ne soit entreprise cette tâche colossale, il existait cependant de nombreux textes sur ce sujet. Le premier était l'œuvre de Shiva et comportait 1 000 chapitres réunis sous le nom de Kâma Shâstra. Le second traité avait été écrit par Shvétaketu Auddalaki.

Cet ouvrage, le premier à affirmer qu'il ne faut pas coucher avec la femme d'autrui, et à définir ainsi plus formellement la notion de couple amoureux, comportait encore 500 chapitres. Mû sans doute par un désir légitime de synthétisation, un nommé Babhru reprit alors le texte à son compte et le réduisit à 150 chapitres ■

Les textes amoureux à travers l'Histoire

Le Kâma Sûtra ne constitue que l'un des recueils de textes ayant trait à l'érotisme. Depuis que l'écriture existe, le thème des relations charnelles a inspiré de multiples auteurs, romanciers et poètes, à travers les âges et tout autour du globe.

Ainsi, on peut citer, dans un inventaire à la Prévert : Apollinaire (Les 11 000 verges), le Marquis de Sade (Justine ou les malheurs de la vertu), Pierre Louÿs (Les chansons de Bilitis), L'Arétin (Sonnets luxurieux), Blaise Cendrars (Emmène-moi au bout du monde), Emmanuelle Arsan (Emmanuelle), Alina Reyes (Le boucher), mais aussi de nombreux poèmes de Verlaine, Baudelaire, Francis Carco, etc.

"L'âge Gupta cueille les fruits mûris aux siècles précédents. C'est le plus brillant, le plus raffiné, le plus élégant de l'Histoire indienne."

(Jean Naudou - L'Histoire Universelle - La Pléiade)

"Avec ces Kâma Sûtra, nous sommes donc bien devant un objet de curiosité qu'il nous faut ouvrir comme un coffret de bois précieux déposé sur nos rives par la mer voyageuse, et qui répandra de lui-même les fragrances inépuisables de notre mère l'Inde."

(Jean Papin - Les Kâma Sûtra - Introduction - La Pléiade)

Quand l'Occident découvre le Kâma Sûtra

Bien que les différentes versions du Kâma Sûtra, et notamment celle de Vâtsyâyana, aient été écrites entre le deuxième et le sixième siècle, ce n'est qu'au dix-neuvième siècle que l'occident en aura connaissance.

Il faudra en effet attendre 1883 pour que le linguiste et anthropologue Richard Burton publie sa traduction des Kâma Sûtra dans l'Angleterre victorienne. Figée dans un puritanisme alors à son summum, la Great Albion reçut cet ouvrage comme un camouflet à la vertu et aux valeurs morales. L'éditeur, qui ne se faisait sans doute aucune illusion sur le nombre de ventes final, n'en tirera d'ailleurs pas plus de 250 exemplaires !

Deux ans plus tard, en France cette fois, ce texte traduit par Théodore Lisieux déchaînera la même réaction de révolte et de dégoût mêlés.

Aveuglées par un sentiment de toute puissance, ces nations triomphantes n'y virent alors qu'une suite de descriptions scabreuses et ont - volontairement ? - ignoré toutes les richesses intrinsèques de cette œuvre. En fait, c'est grâce à la révolution de la fin des années 1960 que le Kâma Sûtra sera enfin reconnu par les intellectuels comme un ouvrage d'une importance primordiale

Les 7 sections du Kâma Sûtra

Première section : *Observations générales*

Chapitre 1 : Prologue et plan de l'ouvrage
Chapitre 2 : Etude des trois valeurs terrestres admises par l'orthodoxie védique : les devoirs, les possessions et l'amour
Chapitre 3 : Les connaissances et les 64 arts
Chapitre 4 : La vie quotidienne d'un homme distingué : sa maison, ses relations, ses divertissements diurnes et nocturnes
Chapitre 5 : Considérations diverses sur les femmes à fréquenter, les amis et les intercesseurs

Deuxième section : *L'union sexuelle*

Chapitre 1 : La volupté des sens : les différentes sortes d'accouplement en considération des mensurations, de l'ardeur de la passion, de la durée, les quatre formes d'amour
Chapitre 2 : Les quatre étreintes
Chapitre 3 : Le baiser relatif aux Védas - forme archaïque du sanskrit, langue des textes sacrés
Chapitre 4 : L'utilisation des ongles et des dents
Chapitre 5 : La morsure. Pratiques amoureuses avec des partenaires de différentes contrées
Chapitre 6 : Les différentes manières de se coucher, de s'accoupler, de trouver la jouissance
Chapitre 7 : Les coups. Les sons de l'amour et les soupirs
Chapitre 8 : Les femmes qui jouent le rôle de l'homme et prennent l'initiative. La tâche de l'homme
Chapitre 9 : La fellation
Chapitre 10 : Le déroulement du commerce sexuel. Diverses unions. Querelles amoureuses

Troisième section : *La recherche d'une épouse*

Chapitre 1 : Dispositions courantes pour le choix d'une jeune fille à marier
Chapitre 2 : Comment la mettre en confiance
Chapitre 3 : Comment faire sa cour et faire remarquer ses sentiments à la jeune fille convoitée
Chapitre 4 : Ce à quoi l'homme doit s'appliquer pour conquérir la jeune fille, et ce que celle-ci doit aussi faire pour le soumettre
Chapitre 5 : Formes particulières de mariage

Quatrième section : *L'épouse*

Chapitre 1 : La conduite d'une femme fidèle en présence et en l'absence de son époux
Chapitre 2 : La conduite de l'épouse aînée ; de la plus jeune épouse ; d'une veuve remariée et vierge ; de celle qui est évincée à cause de sa laideur. La conduite des femmes du harem royal. Manières d'agir d'un époux envers ses femmes.

Cinquième section : *Les amants adultères*

Chapitre 1 : Caractères spécifiques des hommes et des femmes. Pourquoi les femmes commencent par résister aux avances masculines. Les hommes qui plaisent aux femmes. Les femmes faciles
Chapitre 2 : Fréquentation des belles femmes et attentions en vue de leur conquête
Chapitre 3 : Examen du comportement de la femme
Chapitre 4 : Le rôle de l'entremetteuse
Chapitre 5 : Les désirs du maître. Les devoirs du Roi et des dirigeants envers les femmes d'autrui
Chapitre 6 : Les femmes du harem royal. La surveillance de l'épouse

Sixième section : *L'art des courtisanes*

Chapitre 1 : La recherche d'un amant. Comment s'attacher le bon amant
Chapitre 2 : Conduite d'une amante
Chapitre 3 : Comment soutirer de l'argent à un amant
Chapitre 4 : Comment renouer avec une ancienne liaison
Chapitre 5 : Habileté aux gains
Chapitre 6 : La recherche des gains. Les pertes. Ampleur et incertitudes concernant les pertes et profits. Divers types de courtisanes

Septième section : *Les secrets de magie*

Chapitre 1 : Les moyens d'accroître le charme ; de subjuguer l'autre ; d'augmenter la virilité. Les aphrodisiaques
Chapitre 2 : Les moyens d'exciter le désir. Choix des méthodes, recettes et magies diverses

Avec ce recueil de sûtras (aphorismes versifiés destinés à être appris par cœur par l'élève et commentés par le maître), Vâtsyâyana s'adresse en priorité aux nobles de l'Inde ancienne, soucieux de mener une vie équilibrée et en harmonie avec les trois idéaux d'alors : le Dharma (acquisition de la vertu et du mérite religieux), l'Artha (acquisition de la richesse), et le Kâma (acquisition de l'amour et du plaisir). Par son style direct, et quelquefois quasi-clinique tant les détails sont scrupuleusement rapportés, Vâtsyâyana signe là un ouvrage d'une modernité exemplaire et encore, à bien des égards, d'actualité.

Sur sa lancée, il porte aussi au pinacle l'art des courtisanes (et non pas des prostituées) qui, pour lui, constituent l'un des maillons essentiels et les plus nobles de la société indienne.

Enfin, Vâtsyâyana insiste aussi très clairement sur la nécessité pour les femmes, du moins de haut rang, d'étudier son traité : "*Il est notoire que les filles des Princes et des hauts dignitaires, ainsi que les courtisanes, ont une véritable connaissance des Kâma Shâstra. Une jeune femme doit donc approfondir ces écrits, en totalité ou en partie, et s'initier à la pratique amoureuse sous la conduite d'une amie intime.*

Pour qui a été écrit le Kâma Sûtra ?

En effet, outre l'aspect érotique, il aborde aussi toutes les facettes du bien-vivre. À titre d'exemple, il va même jusqu'à définir une liste des 64 arts que la femme civilisée se doit de connaître et de pratiquer de façon régulière (cf. Encadré). Par cette liste, souvent haute en couleurs, il campe le portrait de la femme idéale qui, loin de n'être qu'un corps sans âme, doit se rapprocher au maximum de l'humaniste.

Nous le voyons, il est une idée reçue qu'il convient de combattre fermement : le Kâma Sûtra n'est pas un ouvrage exclusivement réservé aux hommes. Si l'on est encore très éloigné d'un manifeste féministe, il faut pourtant reconnaître à ce traité de nombreuses idées novatrices. En effet, Vâtsyâyana, le premier, va oser écrire que le désir et le besoin de jouissance existent chez les deux sexes. Plus encore, il affirme que la femme est supérieure à l'homme, tant sur le plan de l'excitation et du plaisir que sur celui de l'imaginaire.

Son initiatrice à l'érotisme pourra être la fille de sa nourrice, sa sœur de lait, si elle est mariée, soit une confidente très sûre, soit sa tante maternelle, soit une personne âgée ou une mendiante habituée à la famille, soit enfin sa propre sœur sur qui elle peut toujours compter." *(Kâma Sûtra - Section 1 - Chapitre 3)*

Pour ceux qui douteraient encore de cet aspect libérateur du Kâma Sûtra, il leur suffit de voir avec quelle minutie l'auteur décrit, point par point, les techniques capables, pour l'homme, de donner du plaisir à sa partenaire. Ces techniques constituent l'une des lignes fortes du Kâma Sûtra.

Auparavant, il était légitime d'estimer qu'un homme excité suffisait par sa seule présence à exciter sa partenaire. L'homme était un brasier et le seul rôle dévolu à l'amante était de souffler sur celui-ci. Avec les écrits de Vâtsyâyana, le plaisir sexuel que doit éprouver la femme est nécessaire, fondamental pour réussir une union harmonieuse ■

"Kâma est la satisfaction des sens (. . .) contrôlés par le mental, lui-même dirigé par la conscience du Soi. L'art du jouir est consigné dans les Kâma Sûtra et divulgué par les connaisseurs."

(Kâma Sûtra - Section 1 - Chapitre 2)

Les 64 arts

Les hommes déclarent en moyenne 8 rapports sexuels au cours des 4 dernières semaines. Les femmes, 7. 11 % des hommes et 15% des femmes n'en ont eu aucun.

Selon Vâtsyâyana, l'amante parfaite doit étudier, parallèlement au Kâma Sûtra, 64 variétés d'arts dont certaines, aujourd'hui, portent volontiers à sourire... Du chant à la stratégie militaire, ou du macramé à la connaissance de la médecine âyurvédique, la femme idéale n'est pas un don du ciel, mais le fruit d'un travail harassant !

Le chant
La musique instrumentale
La danse
La peinture
La calligraphie et le découpage de silhouettes
La parure à l'aide de grains de riz et de fleurs
L'arrangement floral
La coloration des dents, des ongles, le tatouage des membres
La mosaïque des sols
La disposition des lits et des tapis
L'art des coupes à eau musicales
Les jeux d'eau
La décoration picturale
La confection de colliers et de guirlandes
La fabrication de turbans et de diadèmes
Les représentations théâtrales. La mise en scène
La fabrication d'ornements d'oreilles
La préparation des parfums
La confection des parures vestimentaires
Les tours de magie
La distinction et l'élégance
L'élégance des gestes
La préparation de la nourriture végétarienne
La préparation des boissons et jus de fruits
La couture
Le macramé
L'art du luth
Le jeu des vers qui s'enchaînent
L'imitation
L'habileté à prononcer des mots et des phrases difficiles
La lecture et la déclamation
Le mime
La composition poétique

La dialectique
La menuiserie et la sculpture
L'architecture
La minéralogie
La numismatique
L'alchimie
La coloration des bijoux
La connaissance de la médecine âyurvédique
Les combats de coqs et de béliers
L'art d'apprendre à parler aux perroquets et aux mainates
L'application d'onguents, le massage, les frictions et les soins de la chevelure
L'art des mots et écritures diverses
La connaissance des langues étrangères (non aryennes)
La connaissance des dialectes vernaculaires
La fabrication des chars fleuris
L'interprétation des présages
L'exercice des yantras (diagrammes) et autres signes magiques
La maîtrise des formules magiques (mantra)
Les jeux des mots et des phrases à transformation
L'improvisation orale de poèmes
L'art du déguisement
L'art de changer l'apparence des choses
Les jeux d'adresse
Les beaux-arts
L'entretien des vêtements
Les jeux de hasard
Les jeux de dés
Les jeux d'enfants
Les bons usages
La stratégie militaire
La gymnastique

Favoriser l'acte d'amour…

Avant les postures

Selon Vâtsyâyana, les jeux érotiques et amoureux doivent suivre, comme toute technique artistique, un rituel précis, un cadre rigide au sein duquel les amants pourront donner libre cours à toute leur spontanéité, leur imagination. Cette rigueur apparente exclue donc tout scénario pouvant se dérouler hors de la chambre conjugale.

Les brusques embrasements des sens conduisant à des rapports en pleine nature, dans des lieux insolites intra ou extra-muros, ne sont donc pas décrits dans le Kâma Sûtra. Vâtsyâyana ne réprouve ni ne condamne ces plaisirs immédiats. Il n'en parle tout simplement pas.

En revanche, il passe au crible toutes les étapes qui conduisent vers la jouissance absolue. En bon maître, il codifie chacune d'entre elles et incite le lecteur à les suivre et à choisir, au sein de chacune, celle qui correspond le plus à ses goûts, à ceux de sa partenaire, mais aussi aux circonstances ■

Les hommes ont eu en moyenne 11,3 partenaires dans leur existence, les femmes 3,4.
89 % des hommes et 84 % des femmes se disent très ou assez satisfaits de leur vie sexuelle.
10 % des hommes et 13 % des femmes peu ou pas satisfaits.

"Quand la roue de la volupté se met en mouvement, il n'existe plus ni règles ni méthodes."

(Kâma Sûtra - Section 2 - Chapitre 2)

Comme il est indiqué clairement dans le Kâma Sûtra, les amants doivent être d'une propreté et d'une hygiène irréprochables. Dans cette optique, la prise en commun d'un bain parfumé aux huiles essentielles, ou d'une douche vivifiante, favorise les préludes à l'amour. Caresser l'autre avec une éponge naturelle, jouer sur les diverses parties du corps avec le pommeau de la douche en variant la pression du jet, masser doucement son partenaire avec du savon ou un peu d'huile, offrent des sensations et des plaisirs délicats et raffinés. En matière d'hygiène, Vâtsyâyana écrit ainsi que :

Les plaisirs de l'eau

"Le citadin bien élevé doit se baigner tous les jours, se faire masser tous les deux jours, se savonner tous les trois jours. Tous les quatre jours se couper la barbe et les moustaches, le cinquième ou le dixième jour se raser les poils du sexe et des aisselles et, toujours, se parfumer pour masquer l'odeur de la sueur des aisselles et être d'un contact agréable." *(Kâma Sûtra - Section 1 - Chapitre 3)* ■

Le Kâma Sûtra insiste aussi sur l'importance de l'haleine d'une façon particulièrement ferme. Cela est sans doute dû à l'hygiène buccodentaire de l'époque qui n'était pas, pour le plus grand nombre, une priorité ! Quoi qu'il en soit, et a fortiori de nos jours, une haleine lourde et désagréable constitue un frein immédiat à tout acte d'amour.

De la fraîcheur de l'haleine

Avant de passer à la phase du baiser, il est donc impératif d'aborder sa partenaire avec une haleine fraîche et pure. Aujourd'hui, dentifrices, brosses à dents, sprays, chewing-gums ou bonbons mentholés sont légion. À l'époque de Vâtsyâyana, il fallait user d'autres procédés plus artisanaux mais qui, selon Alain Danielou, auteur d'un Kâma Sûtra commenté, étaient parfaitement efficaces : "*Le citadin pour se laver les dents faisait préparer, par des serviteurs, une semaine à l'avance, un mélange de substances parfumées. D'abord une poudre de santal était mélangée à de l'urine de vache dans laquelle on faisait tremper des bâtons à dents pendant sept jours ; ensuite, on les trempait dans une pâte faite de cardamome, de cannelle, d'Anjana, d'antimoine, de miel, de poivre noir. Ces bâtons, servant à nettoyer les dents, étaient considérés aussi de bon augure.*" *(Kâma Sûtra - Section 1 - Chapitre 4)*

Avoir une haleine fraîche grâce à des ingrédients tels que l'urine de vache, il fallait y songer...

La stimulation par les vêtements

Dans de nombreuses sociétés, et notamment au Brésil, le naturisme est loin d'être une pratique courante. Sans doute est-ce parce que la pudibonderie morale réprouve ce type de jeux. Mais, sans doute est-ce aussi parce que les Brésiliens ont compris depuis longtemps qu'un corps nu est bien moins excitant que lorsqu'il est mis en valeur, même par la présence d'un string symbolique !

Même si le Kâma Sûtra ne fait que peu de cas, dans ses pages, des vêtements en tant que piment des jeux amoureux, l'utilisation de tenues légères peut être considérée comme un facteur d'excitation non négligeable. Toutefois, attention : la notion de tenue légère n'implique pas de tomber systématiquement dans le cliché talons aiguilles/bas/porte-jarretelles/string. Car, à moins que ce ne soient des tenues habituelles chez une femme, ce type de dessous, portés de façon trop ostentatoire, risque de provoquer une gêne chez son partenaire, si ce n'est une crise de fou rire !

La règle la plus sage à suivre semble donc bien être celle-ci : la femme, tout comme l'homme, ne doivent porter que des vêtements dans lesquels ils se sentent bien. Et, quelquefois, le seul ajout à un corps nu de talons raisonnablement hauts, pour aller par exemple de la salle de bains à la chambre, peut suffire à émoustiller son partenaire ■

A toute cérémonie, il faut un temple. Et la chambre constitue pour Vâtsyâyana un sanctuaire idéal. Afin de créer une atmosphère douce et complice, préférez donc à toute autre une lumière tamisée. L'obscurité totale priverait les deux amants du plaisir de la vue, et le plein soleil risquerait de provoquer une sensation de gêne chez l'un ou l'autre, voire les deux.

Préparer le lieu

10 % des hommes et 2 % des femmes ont eu des rapports sexuels avec deux partenaires à la fois.
7 % des hommes et autant de femmes ont déjà utilisé un objet pour obtenir une excitation sexuelle.

Pour son odeur, mais aussi pour l'atmosphère qu'elle contribue à créer, l'utilisation d'une bougie parfumée ajoute une note très sensuelle et agréable à la chambre. Prenez soin toutefois de ne pas choisir de fragrances trop marquées qui pourraient indisposer votre partenaire, et évitez aussi de disposer ces bougies près d'un lieu facilement inflammable (rideaux, couvre-lit, etc.).
En fond sonore, une musique douce, ni lénifiante ni trop enjouée, complètera le tableau. Enfin, une chose que Vâtsyâyana ne pouvait pas prévoir : prenez soin d'éteindre votre portable et de décrocher le combiné de votre téléphone filaire. Il n'y a en effet rien de pire qu'une stridulation de sonnerie pour détruire une ambiance érotique ! ■

L'utilisation, ou non, de certains accessoires

Près de votre lit, disposez un plateau comprenant une carafe d'eau, deux jolis verres et une corbeille de fruits frais. À la place de l'eau, vous pouvez aussi choisir une bouteille de champagne ou un alcool fort. Ceux-ci feront merveille pour chasser les tabous, mais ils sont à consommer avec modération car ardeur sexuelle et alcool ne font pas bon ménage...

Quant aux accessoires érotiques, notre société si sexuellement correcte ne veut pas en entendre parler ! Selon l'avis du plus grand nombre, ils ne sont que des objets pornographiques qui s'adressent uniquement aux obsédés sexuels, déviants et autres dépravés.

En anglais, un préservatif se dit "French letter". En allemand, c'est un "Parisien".

Pourtant, le Kâma Sûtra préconise leur utilisation de façon claire et précise. Ainsi, pour les godemichés, Vâtsyâyana indique que "si le garçon est de très petit calibre, des godemichés (Apadravya) peuvent être utilisés" afin que le pénis soit en rapport avec la vulve qu'il pénètre .

De la même façon, et dans cette logique, l'utilisation d'un vibromasseur ne relève en rien de la perversité. Vâtsyâyana conseille aussi, afin de faire jouir une partenaire inassouvie après l'acte, que son amant l'aide à atteindre l'orgasme avec un instrument propre à cet effet.

Enfin, accessoire incontournable pour tous les amants occasionnels : le préservatif. Puisqu'il risque de se déchirer lors de la pose ou durant les rapports, prenez soin d'en posséder toujours une boîte d'avance que vous rangerez discrètement avec un tube de lubrifiant ■

Pour l'auteur français Delvau, le godemiché est "un phallus de cuir ou de velours, avec ou sans ressort, que les femmes libertines ou pusillanimes substituent au véritable phallus de chair... Cet engin, aussi singulier qu'ingénieux -le rival sérieux de l'homme dont la vigueur est malheureusement limitée - est en usage depuis que le monde est monde..."

(Dictionnaire érotique Pierre Guiraud)

Les individus selon

Pour Vâtsyâyana, il existe plusieurs types d'individus que l'on doit classifier en fonction de critères définis : les caractéristiques de l'organe génital, l'ardeur du désir et le temps passé à faire l'amour.

Ainsi, il recense chez les femmes :

L'ANTILOPE : *"Elle a de beaux cheveux, un corps mince, une peau dorée. Son corps est froid comme un rayon de lune. Elle a des dents fortes, une voix basse, les cheveux abondants, son tempérament est lymphatique. Elle mange peu, son visage est étroit, ses sécrétions sexuelles sont parfumées. Elle ne crie jamais."*

LA JUMENT : *"Elle a les narines larges et fortes, les genoux un peu de travers, les cuisses épaisses, le sexe toujours chaud. Elle a des bras tendres et gras sur lesquels apparaissent des gouttes de sueur ; son corps est de couleur claire, les sécrétions sexuelles ont une odeur de viande, ses membres sont réguliers, son ventre petit. Elle est de tempérament bilieux."*

L'ÉLÉPHANTE : *"Elle est de haute taille. Elle a le corps massif, les dents souvent longues, sa peau est de couleur rougeâtre. L'élément air prédomine dans sa constitution. Le corps est robuste et harmonieux. Elle est tantôt chaude et tantôt froide, parle beaucoup, est changeante, ses règles ont une odeur de sueur d'éléphant."*

(Kâma Sûtra - le Bréviaire de l'amour - Alain Daniélou)

Les poètes de l'époque disent en substance qu'il n'existe qu'une femme-antilope sur dix millions de femmes, une femme-jument sur dix mille, une femme-éléphante sur mille, et que l'on trouve la femme-truie partout...

le Kâma Sûtra

L'homme, lui, peut être :

LIÈVRE : "*Il a les pieds, la taille, le derrière, les mains et les oreilles petits, la voix douce, les dents belles et bien rangées, le corps vif. Toujours souriant, il a le visage rond et les ongles durs.*"
En érection, son sexe ne dépasse pas les 7,5 centimètres.

TAUREAU : "*Il a le cou épais, une belle démarche, la paume des mains rouges, le regard assuré, la peau claire, un joli ventre rond. Il est toujours fortuné.*"
En érection, son sexe ne dépasse pas les 11,4 centimètres.

CHEVAL : "*Il a les oreilles, la tête et les lèvres allongées, un corps mince, une chevelure épaisse, des doigts longs, le regard lumineux, de grosses cuisses. Il est rapide et a de beaux ongles.*"
En érection, son sexe ne dépasse pas les 15 centimètres.

(Kâma Sûtra - le Bréviaire de l'amour - Alain Daniélou)

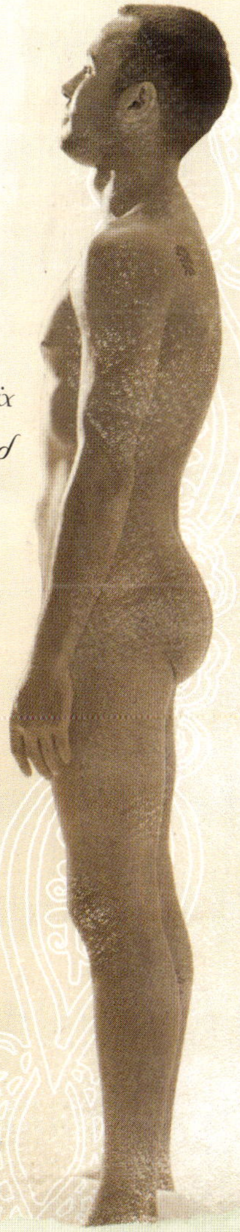

Selon le Dictionnaire érotique de Pierre Guiraud, il existe des centaines de termes servant à désigner les organes génitaux des hommes et des femmes. Pour ces dernières, on peut noter les plus étonnants : bengali, amarris, callibristi, corridor d'amour, but mignon de ficherie, humanité, portefeuille à moustaches, sixième sens, tunnel de la motte, ou encore le très chrétien vigne du Seigneur...
Pour les hommes, cela donne : andouille à col roulé, anguille de calecif, exécuteur de basse justice, herbe qui croît dans les mains, paquet de mariage, pierre à casser les œufs, plume charnelle, seringue à perruque, robinet de l'âme, et le toujours très chrétien bâton pastoral...

Le Secret des Baisers

Fidèle à son souci d'exactitude et de justesse, Vâtsyâyana se penche aussi sur le chapitre du baiser avec un soin particulièrement méticuleux. Sa grande science des textes et de l'amour lui a fait dénombrer dix-huit baisers qui, tous, possèdent une signification particulière.

De l'importance

Parmi les plus sages, on compte le Baiser inaugural (les deux bouches se posent l'une contre l'autre, sans bouger), le Baiser frémissant (la lèvre inférieure de la femme palpite et pénètre la bouche de son partenaire), et le Baiser frotté (yeux fermés, elle lèche la lèvre de son partenaire tout en tenant ses mains dans les siennes). À ceux-ci, on peut ajouter encore le Baiser ordinaire (de face), le Baiser oblique (têtes penchées), le Baiser retourné (on tourne le visage de sa partenaire avec la main), le Baiser appuyé (la lèvre inférieure est pressée avec force) et le Baiser très appuyé :

"Il se pratique en saisissant entre deux doigts la lèvre inférieure de la bien-aimée et en lui appliquant avec force la bouche dans l'espace creux créé ainsi entre ses lèvres, sans toucher les dents."

(Kâma Sûtra - Section 2 - Chapitre 3)

Outre le Jeu des baisers, où le premier qui réussit à s'emparer des lèvres de l'autre a gagné, Vâtsyâyana évoque aussi le Baiser de la lèvre supérieure (l'homme embrasse la lèvre supérieure de sa partenaire, qui le lui rend tout aussitôt), le Baiser enveloppé (saisir les deux lèvres de son partenaire avec les deux siennes), suivi immédiatement après du baiser Assaut de la langue (l'un des deux titille avec sa langue les dents, le palais ou la langue de l'autre) ■

Enfin, Vâtsyâyana termine sa liste avec le Baiser qui excite la passion (les deux amants ne se quittent pas des yeux pour faire savoir à l'autre son désir), le Baiser de diversion (pour détourner l'attention de son partenaire), le Baiser qui éveille (lorsque l'un des deux arrive tard dans la nuit et trouve l'autre endormi, il l'embrasse pour lui signifier son désir), le Baiser d'intention (on le donne à l'image de l'aimée réfléchie dans un miroir), le Baiser de transfert (que l'on pose sur une peinture ou un portrait quelconque) et, enfin, le Baiser de sollicitation :

En France, les différents noms donnés aux baisers sont florès et, outre les classiques bises, baisers ou bécots, on parle aussi volontiers de baiser en pigeon, à la florentine, langue en bouche, faire des langues, langueter, rouler un patin, voire une gamelle...

des baisers

"Lorsqu'un homme s'approche d'une femme convoitée, la nuit, au spectacle ou dans une assemblée de caste, et qu'il lui baise soit un doigt de la main, soit un orteil si elle est assise, ou encore si une femme en massant le corps de son amant met le visage sur sa cuisse pour s'exciter et, feignant de s'endormir, y dépose un baiser, on nomme cela "Baiser de sollicitation." (Kâma Sûtra - Section 2 - Chapitre 3)

"Attaques et contre-attaques sont le jeu des amants. Ils doivent se rendre coup pour coup et baiser pour baiser."

(Kâma Sûtra - Section 2 - Chapitre 3)

Décriés par les ordres religieux tout comme par la morale durant des siècles, la fellation et le cunnilingus souffrent encore aujourd'hui d'une mauvaise réputation qui n'est absolument pas justifiée. La recherche du plaisir par des attouchements buccaux n'est, en effet, ni dangereuse, ni impure.

Les baisers intimes

En Inde, à l'époque où Vâtsyâyana compose son ouvrage, ces préjugés sont encore tenaces. Concernant la fellation, il entame son discours en assurant que les principaux amateurs de ce plaisir sont les eunuques, qui prodiguent ces délices aux hommes grâce à la règle des huit plaisirs (cf. - Encadré p.32). En dehors de ceux-ci, il ajoute, non sans malice, qu'elle peut également être pratiquée par des femmes indépendantes aux mœurs légères et par des servantes ambitieuses...
La promotion canapé ne date pas d'aujourd'hui !

Enfin, il conclut par :

"Les serviteurs de certains jeunes hommes exécutent sur eux la fellation. D'autres "messieurs" qui se connaissent bien, se font cela mutuellement, entre amis et en l'absence des femmes." (Kâma Sûtra - Section 2 - Chapitre 9)

79 % des hommes (employés et ouvriers) ont pratiqué au cours de leur vie le cunnilingus, contre 70 % des cadres et 51 % des agriculteurs.

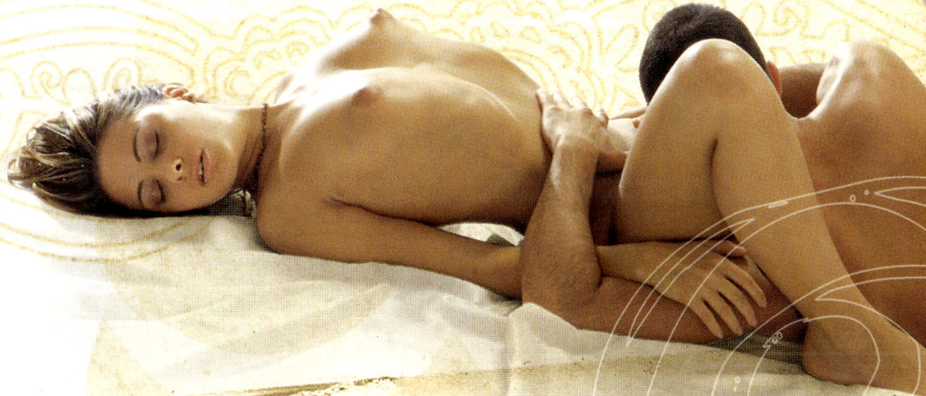

"On a vu des courtisanes tellement attachées à ce type de plaisirs qu'elles abandonnaient des amants distingués et charmants pour des gens de basse condition et s'éprenaient d'esclaves ou de cornacs."

(Kâma Sûtra - Section 2 - Chapitre 9)

Au sujet du cunnilingus, Vâtsyâyana se montre moins disert, tout en reconnaissant que cette pratique existe, qu'elle n'est pas recommandée, mais qu'elle n'est pas non plus condamnée - et ce, que le cunnilingus s'effectue d'homme à femme ou entre femmes : *"Certaines femmes amoureuses pratiquent aussi ce genre d'amusement entre elles. Et les hommes le font également aux femmes en imitant alors les baisers sur la bouche." (Kâma Sûtra - Section 2 - Chapitre 9)*

De même, il précise avec poésie : *"Après avoir gagné la confiance de la jeune fille et avoir vaincu sa pudeur, elle gratte et caresse l'intérieur des cuisses après avoir dénoué les plis du vêtement qui passe entre ses jambes. (...) Pour l'embrasser sur sa barbiche, elle la saisit par le menton (pubis), glissant le doigt dans la fente." (Kâma Sûtra - Section 2 - Chapitre 8)*

Enfin, il est à noter que la position communément désignée sous le nom de 69 prend, dans le Kâma Sûtra, une autre appellation, bien plus poétique :
"Lorsque l'homme et la femme sont allongés tête-bêche et se sucent l'un l'autre, on appelle cela le Congrès du corbeau."
(Kâma Sûtra - Section 2 - Chapitre 9) ■

Les 8 plaisirs

Une fellation réussie, selon Vâtsyâyana, comprend huit étapes, qui sont :

L'INAUGURATION : on tient la verge dans une main, on la place entre les lèvres ouvertes et on la frôle doucement de la bouche.

LE MORDILLAGE DES BORDS : on presse les côtés de la verge avec les lèvres et les dents, la main couvrant le gland.

LA PRESSION EXTERIEURE : les lèvres se referment sur le gland et aspirent un peu.

LA PRESSION INTERIEURE : la verge pénètre plus profondément dans la bouche, les lèvres se resserrent, et commence un mouvement de va-et-vient.

LE BAISER : le sexe bien en main, on l'embrasse comme on le ferait d'une lèvre inférieure (par succions).

L'ASTIQUAGE : on lèche la verge sur toute sa surface, en insistant sur le gland et le branle.

LA SUCCION DE LA MANGUE : on aspire la moitié de la verge et on la serre très fort.

LA PROMESSE : le sexe est avalé entièrement et pressé, jusqu'à l'orgasme.

Tout en effectuant ces fellations, on peut aussi accompagner ces plaisirs de caresses, notamment au niveau des bourses, de l'intérieur des cuisses, des fesses, du ventre et des tétons.

Quand la

Les hommes hétérosexuels et monopartenaires disent pratiquer : la pénétration vaginale (99 %), les caresses mutuelles (94 %), l'insertion d'un doigt dans le vagin (62 %), masturber la partenaire (51 %), se faire masturber (30 %), le cunnilingus (28 %), la fellation (24 %), la sodomie (4 %).

femme domine l'homme

Il existe aussi un autre plaisir à la réputation, là encore, très sulfureuse, dont parle le Kâma Sûtra. Il s'agit de l'inversion des rôles lors des actes amoureux. Alors que, dans l'immense majorité des positions décrites ci-après, l'homme domine la femme en se plaçant de manière physique au-dessus d'elle, Vâtsyâyana reconnaît qu'il peut y avoir inversion des rôles en deux circonstances.

Tout d'abord, si son partenaire faiblit, l'amante peut, et même doit, le secourir. Avec son consentement, elle le retournera sous elle et prendra l'initiative.

Ensuite, par goût ou par jeu, voire par curiosité, l'amante peut devenir dominatrice, virile, et sodomiser son partenaire avec un godemiché ce qui, selon Vâtsyâyana, provoque chez les deux partenaires un plaisir intense :

Lorsque le garçon, fatigué après des exercices sexuels ininterrompus,
cherche le repos et n'est plus dominé par la passion,
la fille, avec ou sans son accord, descend jusqu'à
son cul (Adhah) et avec l'aide d'un accessoire
(Sâhâyya) lui impose son comportement viril.

(Kâma Sûtra - Section 2 - Chapitre 8) ■

Le terme de fellation vient du latin fellare, qui signifie téter. Le terme de cunnilingus, même si c'est celui qui est de nos jours le plus employé, est impropre. Formé des racines cunnus et lingere (lécher), il faudrait donc dire cunnilinctus...

Découvrir le corps de l'autre

Pour des raisons de pudeur, d'interdits moraux ou religieux, mais aussi parce que l'existence dans notre société s'est considérablement accélérée, l'acte d'amour s'est réduit peu à peu à une peau de chagrin, et ne désigne le plus souvent qu'une seule chose : le coït.

Restreindre les délices amoureux à une simple pénétration est non seulement une erreur, mais aussi un profond gâchis. En effet, l'immense majorité des érotomanes s'accorde à penser que le coït est l'aboutissement d'un processus. Et non pas une fin en soi ■

Le nécessaire

4

Dans son Kâma Sûtra, Vâtsyâyana chante les louanges et la gloire, à juste titre, des préliminaires. Bien maîtrisés par un couple, régulièrement revisités, améliorés par la pratique, ceux-ci offrent des possibilités quasiment illimitées d'accroître le désir, et donc le plaisir de la jouissance.

Avant d'aborder ces apéritifs amoureux, il est nécessaire que l'homme réapprenne à connaître le corps de la femme. Et inversement. Savoir quelles parties d'une anatomie sont sensibles, et jusqu'à quel degré. Redécouvrir les zones les plus connues, celles que l'on croit dominer, mais aussi celles auxquelles on ne songe même pas, par manque de pratique ou par pudeur mal placée...

prélude à l'amour

"Leur nature similaire permet aux époux de s'épanouir en commun. On doit, en conséquence, rechercher une femme capable d'aimer toujours !"

(Kâma Sûtra - Section 2 - Chapitre 1)

D'où vient l'expression "prendre son pied" ?

Selon pierre Guiraud et son Dictionnaire érotique, le pied désignerait la part de butin que des voleurs se partagent après un larcin. Dans les jeux amoureux, la femme a bien le droit de recevoir son dû... tout comme la prostituée qui, en lieu et place de jouissance, préfère les écus sonnants et trébuchants !
A noter que cette expression n'est pas apparentée à celle qui dit : "avoir les pieds en bouquets de violettes". Dans ce dernier cas, cela induit l'idée que les orteils s'écartent au moment de la jouissance finale...

Les pieds

Adorés jusqu'à la folie par certains inconditionnels, les pieds sont encore trop souvent relégués au simple rang de pédibus, alors qu'ils recèlent d'incroyables sources de plaisirs.

Que ce soit avec les mains et les doigts, ou encore avec les lèvres et la langue (dans ce cas précis, Apollinaire parlait de technique du Petit Salé, dans son ouvrage des 11 000 verges), les pieds féminins ou masculins doivent être absolument réhabilités comme partie érotique de premier ordre.

Restif de la Bretonne, être raffiné s'il en fut, vouait un culte fétichiste au pied et la simple vue d'une chaussure était pour lui un puissant excitant sexuel. Pour Freud et Jung, le pied aurait une signification phallique et la chaussure, qui est pénétrée par le pied, serait un symbole féminin ■

Certaines femmes avouent ne pas être sensibles aux caresses effectuées sur leur poitrine. Si cela peut arriver, il faut bien reconnaître que, en règle générale, cet état de fait s'explique bien souvent par le manque de savoir-faire du partenaire.

En effet, il n'est pas rare que des caresses sur une poitrine, tendrement prodiguées, avec art et amour, suffisent à déclencher un orgasme violent.

Du bout de la langue ou à pleine bouche, légèrement mordillés par les lèvres et les dents, le sein et son mamelon constituent une zone hautement réceptrice. Les hommes, pour leur part, sont aussi très sensibles à ces stimulations même si, là encore pour des raisons de tabou, ils n'osent pas l'avouer ou l'ignorent, tout bêtement !

Dans l'inconscient collectif, le sein droit symbolise le soleil et le sein gauche, la lune...

La poitrine

Chez l'homme comme chez la femme, les jambes, et les cuisses en particulier ne doivent surtout pas être négligées lors des préliminaires, mais aussi durant l'acte d'amour, si la position le permet.

Les cuisses

Périmètre idéal, l'intérieur des cuisses peut être doucement griffé. Montant de l'intérieur du genou jusqu'à l'aine, ces caresses opèrent toute leur magie quand la main du partenaire s'arrête à l'extrême limite des lèvres ou des testicules... pour redescendre lentement et remonter aussitôt.

Dans l'Antiquité grecque, la cuisse était tout à la fois masculine (colonne, force, support mobile) et féminine (Dionysos naît une seconde fois à la vie, après une période de gestation dans la cuisse d'un Dieu Suprême)

"Mais tu trembles sous ma caresse, / Tu te serres, nue, contre moi, / Nue et frissonnante tandis que ta voix / Rauque un peu, à l'amoureuse averse..." (Francis Carco)

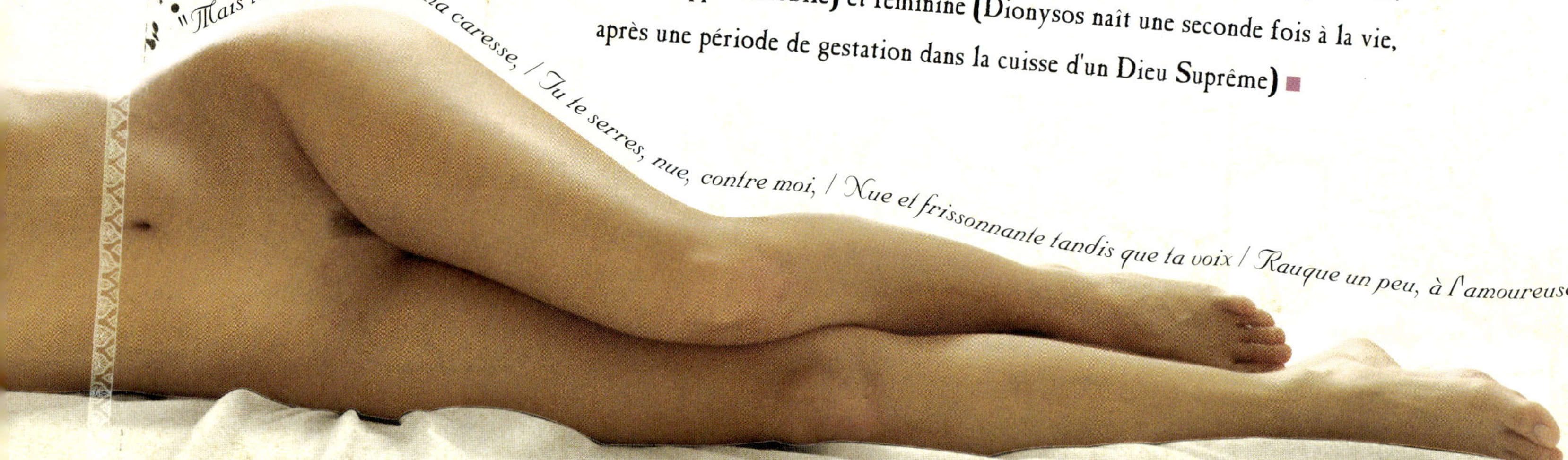

"Dans l'accouplement, le frottement du membre de l'homme calme l'excitation de la femme. Mais c'est dans les marques d'affection, les baisers, les caresses, qu'elle trouve son plaisir."

(Kâma Sûtra - Section 2 - Chapitre 1)

La femme, sans doute encore plus que l'homme, selon Vâtsyâyana, a besoin de caresses qui ne soient pas uniquement liées à sa poitrine, ses fesses ou son sexe :

Le dos

Masser longuement avec des huiles essentielles, griffer, mordiller ou lécher le dos du partenaire (homme ou femme) témoigne ainsi de l'amour qu'on lui porte ■

Les oreilles, chez certaines personnes, sont des zones érogènes qui, si elles sont convenablement titillées, provoquent des poussées de désir subites et délicieuses.

La nuque et les oreilles

Mordiller le lobe de l'oreille, le masser de sa langue, pénétrer l'intimité de l'oreille elle-même : autant de caresses qui agrémentent de façon pimentée les préliminaires à l'amour. Sur la nuque et dans le cou, des baisers appuyés, voire des mordillements très légers, constituent des preuves de tendresse qui rassurent le partenaire et participent à la montée du désir.

D'ailleurs, il est amusant de voir que l'oreille, symboliquement, possède chez les Dogons et Bambaras du Mali une double valeur sexuelle : le pavillon est la verge, et le conduit auditif, le vagin... ■

4

"Alexine se retourna alors et présenta ses belles fesses rougies à l'énorme vit qui pénétra dans la rosette, tandis que l'empalée criait en agitant le cul et les tétons. Mais Culculine les sépara en riant..."

(Les 11 000 verges - Guillaume Apollinaire)

Les fesses

Évocatrices, stimulantes, les fesses excitent l'homme tout autant que la femme par leur forme et leur fermeté, la douceur de leur texture.

Sous la chute des reins, elles sont synonymes d'interdits à braver et, selon les positions amoureuses, elles offrent également des prises érotiques agréables et efficaces.

Pour les femmes, mais aussi pour certains hommes bien plus nombreux qu'ils ne l'avouent, la caresse des fesses et les baisers qui les accompagnent sont source d'un plaisir intense. L'anus, dans ce type de massage ou de baiser, ne doit pas être oublié. S'il est correctement titillé (on parle alors, poétiquement, de Feuille de rose), il déclenche immédiatement un désir intense ■

les premières étreintes

"Les étreintes annoncent le commerce charnel et font bander le linga de plaisir."

(Kâma Sûtra - Section 2 - Chapitre 2)

Pour Vâtsyâyana, chaque fois que deux amants se préparent à faire l'amour, ils peuvent agir comme si cela était toujours une première fois. Ainsi, il définit dans le Kâma Sûtra quatre premiers types d'étreintes préliminaires.

Du frôlement au mélange

La première est constituée par le frôlement :

"Lorsque, sous un prétexte quelconque, un homme cherche, de face ou de côté, le contact physique d'une femme et approche son corps du sien, on parle de frôlement."

La deuxième se nomme le percement :

"Si une femme, feignant de ramasser quelque chose à terre, presse ses seins contre un homme debout ou assis, dans un lieu solitaire, et que celui-ci la saisisse dans ses mains, on évoque ainsi le percement."

La troisième est définie comme le frottement :

"Quand deux amants se promènent avec lenteur dans l'obscurité, dans une foule ou un endroit solitaire et éprouvent de la joie à frotter leurs corps l'un contre l'autre, on parle de frottement."

La dernière est qualifiée d'enlacement très serré :

"Si, en outre, l'un des partenaires presse de tout son poids le corps de l'autre contre un pilier ou un mur, on dit alors qu'il s'agit d'un enlacement très serré."

(Kâma Sûtra - Section 2 - Chapitre 2)

Après ce premier contact, il est temps d'unir les deux corps et de les laisser échanger leurs énergies. Voilà maintenant, sur les deux cents pages que compte le Kâma Sûtra, les quarante qui évoquent directement ce qui a fait le succès de cet ouvrage : les postures amoureuses...

Avant de parler de coït proprement dit, le Kâma Sûtra conseille aux amants de passer par une étape intermédiaire d'enlacements intimes. Ces enlacements sont au nombre de quatre, là encore, et ont pour fonction de pousser le désir des deux amoureux à son paroxysme ■

L'enlacement de la liane

L'homme représente le tronc droit sur lequel la femme s'agrippe et, la tête tournée vers lui, elle semble réclamer un baiser. Pour illustrer ce désir de grimper comme une liane, elle élève sa cuisse et en presse l'intérieur sur la hanche de son partenaire ■

La montée à l'arbre

Cette posture diffère peu de la précédente, si ce n'est que la femme a posé son pied d'appui sur le pied de son partenaire. Sa main, ayant quitté son cou, se pose sur les épaules de l'homme ■

Le mélange des grains de Sésame et du riz

Allongés sur le lit, l'homme partiellement couché sur sa partenaire, les deux amants sont étroitement liés l'un à l'autre, imbriqués, bras et cuisses entrelacés. Comme le souligne Vâtsyâyana, "ils se frottent dans une réciproque excitation"

5

Le mélange du lait et de l'eau

L'homme est assis et sa partenaire s'est installée sur ses cuisses. En signe de désir et de passion, elle étreint les reins de l'homme avec ses deux jambes qui se croisent dans son dos. Soudés ensembles, les deux amoureux évoquent alors le mariage idéal du lait et de l'eau.

Enfin, et pour être exhaustif sur ce sujet, Vâtsyâyana cite encore quatre variantes supplémentaires : l'enlacement des cuisses (l'homme sur le dos, la femme couchée sur lui enserre entre ses cuisses l'une des jambes de son partenaire), l'enlacement du Jaghana (la femme sur le dos, jambes fermées, est écrasée par le poids de son partenaire), l'enlacement du front (blottis l'un contre l'autre, debout, l'homme embrasse le front de sa partenaire), et l'enlacement des seins (debout, les deux partenaires pressent leurs poitrines l'une contre l'autre tout en effectuant de petits mouvements) ■

les principales positions du Kâma Sûtra

Il est de coutume de dire que le Kâma Sûtra comprend 64 postures. Toutefois, n'allez pas imaginer que ces positions relèvent du contorsionisme ou de l'acrobatie. Elles sont connues du plus grand nombre, même si certaines d'entre elles méritent d'être redécouvertes.

64 façons d'aimer

Cette réputation de postures irréalisables est trompeuse et peut éventuellement s'expliquer par le fait que les artistes peintres qui ont mis en scène le Kâma Sûtra ont, selon les canons de beauté de l'époque, alambiqué ces postures à l'envi.

Pour celles et ceux qui désireraient des positions plus étranges, plus sophistiquées, on ne peut que leur conseiller d'aller consulter les ouvrages portant pour noms l'Anangaranga (rédigé mille cinq cents ans plus tard), ou bien encore les positions du Jardin Parfumé, traité écrit par le Cheikh Nefzaoui à la fin du XVème siècle.

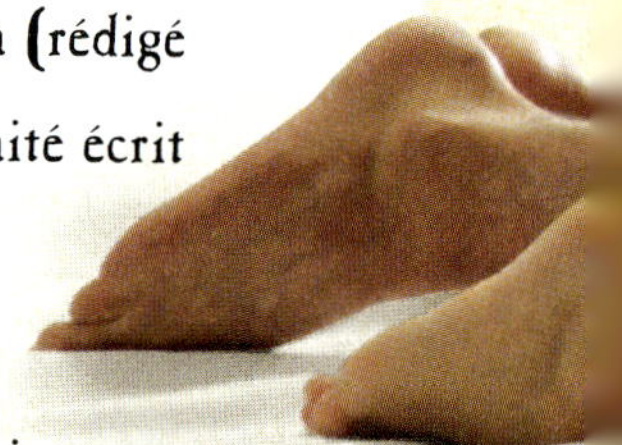

Après avoir découvert les premières postures des préliminaires, ce chapitre s'attarde maintenant sur les positions amoureuses qui ont fait le succès et la renommée du Kâma Sûtra ■

"On est assuré d'attirer sur soi l'amour, le désir et l'estime des femmes avec lesquelles on expérimente toutes ces formes d'union selon les usages régionaux si, en outre, on laisse libre cours à sa propre fantaisie."

(Kâma Sûtra - Section 2 - Chapitre 6)

Les postures en France

La classification des postures amoureuses ne constitue pas l'apanage du Kâma Sûtra. Ainsi, en France, de nombreuses positions ont été codifiées, le plus souvent sous des noms très évocateurs.

À titre d'exemple : s'asseoir sur le bouchon, baiser en cygne, casse-noisettes, écraser la tête à son fils, foutre à la paresseuse, faire la grenouille, l'omnibus renversé, l'ordinaire bourgeois, faire rubis sur l'ongle, le tire-bouchon américain, la soupe et le bouilli, etc.

Il y a du San Antonio dans toutes ces expressions dont le nombre dépasse allègrement les 1 300...

En tenaille impatiente, les jambes de l'amante retiennent en elle toute la puissance de son partenaire passionné.

La Position Béante

Cette posture ne permet pas à la femme de ressentir un plaisir maximum, car son clitoris n'est pas ou peu stimulé à cause des cuisses qui barrent le passage à son partenaire.
En revanche, elle offre l'avantage à l'homme de pouvoir jouir, visuellement, des courbes de son amante, mais aussi de caresser ses seins pour augmenter son désir.

Pour varier la profondeur et l'intensité de la pénétration, il suffit à la femme de changer l'inclinaison de ses cuisses. Les mains jointes des deux amants offrent un contact amoureux particulièrement fort. Ils sont ainsi amoureusement liés ■

Comment ça s'est passé, la première fois ?

6,5 % des hommes ont connu leur premier rapport sexuel avec une prostituée, ce qui est peu lorsqu'on compare ce chiffre aux 21 % de ceux de la génération 1920-1925. D'autre part, 18 % des hommes et 34 % des femmes ont perdu leur virginité au moment de leur mariage.

"Les jeunes épouses, les femmes d'autrui ou les courtisanes tiendront toujours en haute estime un homme expert dans les soixante-quatre techniques."

(Kâma Sûtra - Section 2 - Chapitre 10)

Se donner l'un à l'autre, sans retenue et sans tabou,

car l'amour autorise et permet tout !

L'autre Position

À l'inverse de la première, cette position permet une pénétration absolue et, de ce fait, doit être effectuée avec douceur pour éviter tout risque de blessures.

Les pieds de la femme sont à hauteur du visage de l'amant qui peut ainsi, si tous deux le désirent, les embrasser. Là encore, l'homme peut apprécier le spectacle de sa partenaire tout en lui faisant l'amour.

Avant de pratiquer cette posture, il est fortement recommandé de s'être livré à de longs préliminaires, afin que le vagin de la partenaire soit parfaitement lubrifié et dilaté. Cette précaution prise, les délices qui en découlent sont infinis pour chacun des amants...

Tout se passe au lit !

On reste, en moyenne, 26 ans de notre vie dans un lit. Les hommes dorment 7,7 heures par nuit, contre 8,1 pour les femmes.

Il n'existe - hélas ! - que 3 % des lits français en king size (200 x 200), et un waterbed contient 900 litres de liquide, soit l'équivalent de 3 baignoires.

Au Japon, 32 % des femmes de 16 ans et plus n'ont jamais fait l'amour ailleurs que dans un lit...

Béante

"Sûre de baisers savoureux
Dans le coin des yeux, dans le creux
Des bras et sur le bout des mammes,
Sûres de l'agenouillement
Vers ce buisson ardent des femmes
Follement, fanatiquement !"

(Paul Verlaine)

"D'après le comportement d'une femme,
un homme doit deviner son caractère,
ses goûts et ses appétits érotiques."

(Kâma Sûtra - Section 2 - Chapitre 8)

La Position

Les deux corps soudés deviennent une seule vague mouvante qui se dirige amoureusement vers les rivages du plaisir.

Variante du missionnaire, cette posture satisfera plus amplement l'amante car le clitoris de celle-ci est en friction permanente. D'une apparence simple, tout le secret de cette position consiste en ce que la femme s'arc-boute et se cambre pour faire varier la profondeur de la pénétration. L'homme lui, comme dans l'autre position béante, doit faire preuve d'endurance et tenir fermement sur ses deux appuis : les mains et les genoux.

Cette posture est tout à fait indiquée lorsque l'homme sent son désir monter trop vite. En effet, puisque sa partenaire ne peut pas maintenir la verge serrée en elle, les sensations sont, pour l'homme, moins exacerbées ■

Largement Ouverte

Deux chiffres à savoir sur l'amour

23 % des femmes avouent avoir connu leur premier orgasme avant 25 ans.
Quant à la durée d'un orgasme, il est le même chez l'homme que chez la femme : de 2 à 3 secondes, suivies tout aussitôt après de la phase réfractaire, phase durant laquelle les muscles se détendent et une torpeur agréable envahit le corps entier.

Aussi divine et aussi sophistiquée que pouvait l'être l'épouse du roi Indra.

La Position de la

"Avant d'opérer, tout homme doit tenir compte avec précision du moment, des usages aussi bien que de sa propre nature et choisir alors la pratique adéquate."

(Kâma Sûtra - Section 2 - Chapitre 9)

Pour réussir cette posture délicate, il convient d'être tout à la fois souple et très attentif aux réactions de l'autre car la pénétration est très profonde. La femme appuie ses pieds sur l'abdomen de son amant et peut, de cette façon-là, réguler la profondeur de la pénétration ainsi que le rythme. Lui, en agrippant ses cuisses avec ses mains, peut aussi varier la fréquence du rapport. Lorsque la fréquence idéale est atteinte, l'homme peut caresser la poitrine de sa partenaire tout à loisir ou, s'il le désire, opérer plusieurs griffures sur les cuisses, les mollets et les fesses.

femme d'Indra

Cette position est ainsi nommée en l'honneur d'Indra, le roi des dieux hindous, mais aussi roi de la pluie et du tonnerre. Indrani était en effet son épouse, et les descriptions que l'on trouve d'elle dans les anciens écrits védiques la qualifient d'une beauté et d'une élégance remarquables. ■

Où se rencontre-t-on ?

Pour faire l'amour, il existe mille et un moyens de rencontrer l'âme sœur.
20 % des couples se sont formés grâce à des amis communs, 14 % pour des circonstances professionnelles, 12 % à un bal, 10 % durant les études, 9 % par la famille ou le voisinage, 9 % aussi par des associations sportives ou de loisirs, encore 9 % dans un lieu public ou un transport en commun, 7 % seulement en boite de nuit et 4 % durant les vacances.

Où se rencontre-t-on ?

Chaque mouvement, le plus infime des gestes devient une déclaration d'amour passionnée.

Très tendre, cette posture permet une réelle intimité de la totalité des deux corps amoureux. Les jambes enlacées accentuent encore cette sensation. Les deux visages se faisant face à la même hauteur permettent de varier les baisers. Cette posture garantit aussi une pénétration importante ainsi qu'une stimulation clitoridienne de qualité.

La Position serrante

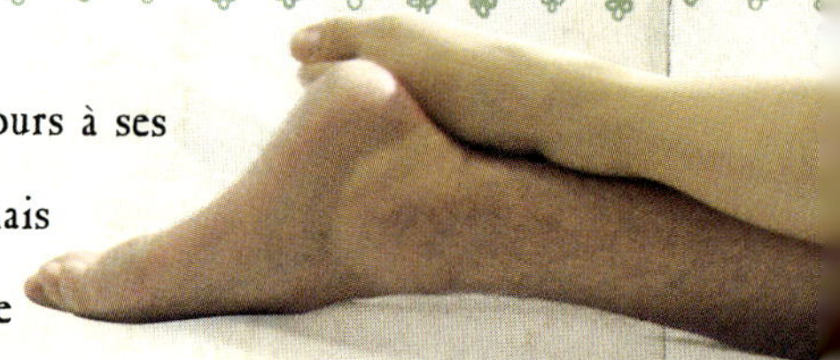

L'amante, dans cette position, peut laisser libre cours à ses désirs de caresses sur les épaules, le dos, les reins, mais aussi les fesses de son partenaire. Celui-ci, s'il le désire, a la possibilité de multiplier les baisers dans le cou, sur le visage et les oreilles de son amante.

Dans le Kâma Sûtra, les cris ou les soupirs ont une importance non négligeable. Ainsi, Vâtsyâyana recense sept types de cris (hi nasal, roulement de tonnerre, bruissement, pleurant, soupirant, cri de douleur, violente expiration) ainsi que ceux qui font songer à des cris d'animaux : pigeon, coucou, tourterelle, perroquet, abeille, rossignol, oie, canard, perdrix ■

"Celui qui applique les soixante-quatre moyens (postures) proposés par Bâbhravya atteint son but et obtient tous les succès auprès des femmes de qualité."

(Kâma Sûtra - Section 2 - Chapitre 10)

À propos de l'érotisme...

47 % des hommes et 23 % des femmes disent avoir déjà vu un film pornographique.
47 % et 19 % ont lu au moins un magazine érotique.
10 % des hommes et 3 % des femmes ont déjà eu la curiosité d'utiliser un numéro de téléphone érotique ou une messagerie rose.

Toujours plus près, ils échangent leur amour par chaque parcelle de leur peau.

La Position serrante, de côté

Mieux équilibrée, puisque l'amante n'a pas à supporter tout le poids de son partenaire, cette posture est plus adaptée à un rythme lent et doux avec une faible pénétration. Les mains des deux amants peuvent, en revanche, multiplier les caresses sans que l'efficacité de cette position en souffre. On peut la recommander pour le premier instant qui suit les préliminaires, ou pour celui qui clôt l'amour, dès que les deux amants ont joui.

Si l'on en croit le Kâma Sûtra, le protocole à respecter pour que cette posture soit pleinement réussie est le suivant : l'homme doit être allongé sur le côté gauche et la femme, sur le côté droit. Quoi qu'il en soit, la position inverse est source, elle aussi, de plaisirs amoureux intenses. Là encore, il est impératif de ne pas oublier de caresser son partenaire, puisque les mains des deux amants sont libres de leurs mouvements ■

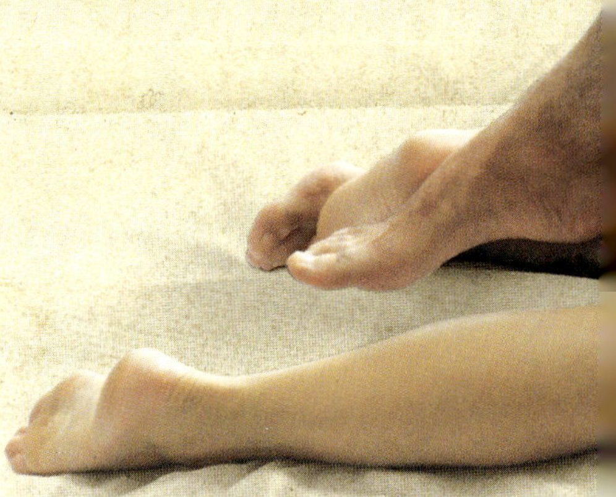

"La mémoire se perd comme s'effacent les traces des ongles.
C'est ce qui arrive aux amants qui font l'amour trop rarement."

(Kâma Sûtra - Section 2 - Chapitre 4)

Peut-on faire l'amour sans aimer ?

Si l'on en croit les chiffres, 64 % des hommes et 36 % des femmes estiment que l'on peut faire l'amour avec un partenaire sans pour autant être amoureux de celui-ci. De même, 27 % des hommes et 17 % des femmes jugent que les infidélités passagères peuvent renforcer l'amour entre deux êtres. Au total, les hommes ont été amoureux en moyenne 4,5 fois dans leur vie, contre 3 fois seulement pour les femmes.

La Position

"L'art des étreintes contient un tel pouvoir de suggestion que le seul fait de s'en préoccuper, d'en entendre parler ou d'en parler soi-même incite à la luxure."

(Kâma Sûtra - Section 2 - Chapitre 2)

Peu éloignée de la position serrante, cette posture n'est pas non plus sans rappeler le classique Missionnaire. Toutefois, la différence fondamentale tient dans le fait que la femme peut resserrer son vagin sur le pénis de son partenaire en faisant varier la pression de ses cuisses. Pour cette posture, comme pour la majorité de celles où la femme est sur le dos et son partenaire sur elle, il existe un moyen d'augmenter encore les sensations. Pour cela, il suffit de glisser un oreiller sous les reins de la femme qui pourra, ainsi, s'offrir toujours plus aux délices de l'étreinte.

Légèrement différente de la position serrante, puisque l'homme se tient sur les mains, celle-ci offre l'avantage aux deux partenaires de pouvoir s'observer. Et, bien souvent, rien n'est plus troublant que le regard du partenaire au moment où il fait l'amour ■

Pressante

Tout se joue à des petits riens : un regard, un frôlement, une caresse, un mot, un souffle...

Les principales femmes à éviter, dans le Kâma Sûtra, sont :

"les lépreuses, les folles, les femmes rejetées de leur caste, celles incapables de garder un secret, les impudiques, celles trop âgées, à la peau trop blanche, à la peau trop noire, celles qui sentent mauvais ainsi que les parentes, celles avec qui on a des rapports d'amitié, celles qui ont fait des vœux monastiques, ainsi que les femmes de sa famille, les épouses de ses amis et celles des Brahmanes et des personnes appartenant à la famille royale."

Entrelacés, soudés, liés, imbriqués, tressés, unis, jusqu'à la délivrance finale…

Simple variante de la position pressante, cette posture permet à la femme de se donner pleinement à son partenaire. Les deux jambes le maintenant prisonnier, elle peut aussi le caresser et l'embrasser durant le va-et-vient. Telle une liane, elle l'enserre fortement jusqu'à ce que les deux corps ne fassent plus qu'un.

Cette position est plus particulièrement pénible pour l'homme puisqu'il doit supporter tout le poids de son torse sur ses deux mains. Elle recquiert donc une puissance des pectoraux non négligeable !

La Position Liante

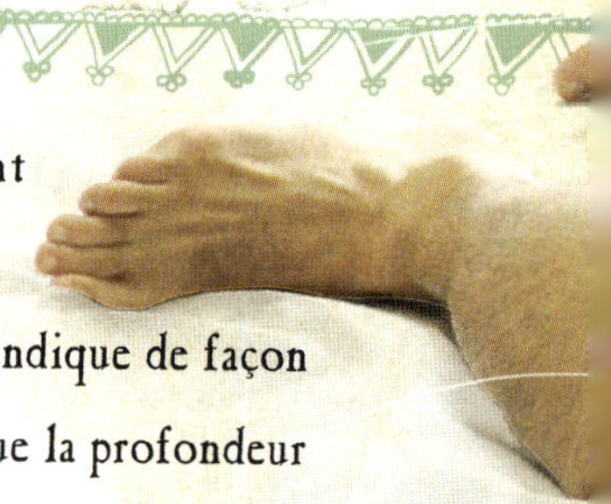

Les deux partenaires, dans cette posture, sont intimement liés, et la jambe de la femme, selon les pressions qu'elle exerce sur les fesses de son amant, indique de façon claire ses désirs, tant en ce qui concerne le rythme que la profondeur de la pénétration ■

Quelques conseils pour réveiller votre sexualité

Loin du viagra et des médicaments communément admis dans la médecine traditionnelle, vous pouvez opter pour des médecines plus douces. Parmi elles, on peut citer l'ostéopathie. Cette technique s'adresse avant tout aux individus dont les problèmes sexuels sont liés à des dysfonctionnements essentiellement mécaniques. La micronutrition, elle, combat les carences en fer qui peuvent être à l'origine d'une baisse de la libido. La phytothérapie possède elle aussi ses adeptes, tout comme l'hypnose qui permet de passer outre la peur de l'échec dans le cas, notamment, d'éjaculations prématurées. Quel que soit votre choix, veillez à faire appel à des thérapeutes sérieux, reconnus et titulaires d'un diplôme de médecine !

"Les anciens animaux saillissaient même en course /
Avec des glands bardés de sang et d'excrément /
Nos pères étalaient leurs membres fièrement /
Par le pli de la gaine et le grain de la bourse..."

(Arthur Rimbaud)

Une Amazone peut chevaucher sans fatigue son fringant destrier jusqu'à parvenir au sommet du plaisir.

La Position de la Jument

Cette posture, que l'on aurait pu aussi désigner sous le nom de l'écuyère, offre une multiplicité d'avantages et doit être effectuée, au départ, avec précaution. L'homme, couché ou assis, est loin de dominer le combat amoureux. C'est donc la femme qui règle le rythme de l'union, ainsi que la profondeur de la pénétration grâce à ses reins. De même, elle possède toute latitude pour se caresser les seins ou le sexe, ainsi que les bourses de son partenaire.

L'homme, lui, peut en profiter pour embrasser sa partenaire. De même, il peut alternativement s'appuyer sur son bras droit, son bras gauche, ou bien les deux à la fois. La réussite de cette posture réside dans le fait que l'amante doit posséder des muscles vaginaux les plus puissants possibles. Ce fourreau de chair doit tenir emprisonné fermement le pénis ce qui, au final, augmente encore l'excitation des deux partenaires jusqu'à la jouissance ■

"Si secrète que soit une femme au sujet de ses penchants et de ses sentiments, quand elle chevauche un homme elle dévoile toujours sa nature intime et ses désirs profonds."

(Kâmâ Sûtra - Section 2 - Chapitre 8)

Le désir en baisse.

De très nombreux magazines féminins brandissent le drapeau d'alerte suivant : le désir amoureux est en baisse dans notre société et les chiffres (15 à 20 % de la population déclarent détachés du désir sexuel) parlent d'eux-mêmes.

Des chercheurs et des sociologues confirment et pointent du doigt plusieurs raisons à cela : manque de temps, stress, fatigue morale, transfert de ce désir sur d'autres pôles d'intérêt (professionnel, réussite sociale, etc.), banalisation du sexe dans les médias.

Et la liste n'est pas exhaustive ! Ce désintérêt expliquerait notamment la vente accrue d'aphrodisiaques de toutes natures.

"Ainsi vont les amants, prisonniers de leur plaisir et aveuglés par la passion.
L'élan furieux de leur désir les précipite dans tous les excès."

(Kâma Sûtra - Section 2 - Chapitre 7)

Les mollets de l'amante se changent soudain en un tendre licou dont il refuse de se défaire…

La Position levante

Presqu'à l'inverse de la posture de la jument, celle-ci permet à l'homme de reprendre la direction des ébats. Les mains serrées sur les mollets ou les chevilles de sa partenaire, il peut tout à loisir caresser ou embrasser ces derniers.
De même, la femme, se trouvant les deux cuisses jointes, serre au maximum son vagin et provoque une friction plus prononcée et très excitante pour les deux partenaires. Ses mains restées libres peuvent caresser les cuisses de son amant des genoux jusqu'à l'aine, et donner ainsi des indications sur son propre désir quant à la fréquence et à l'amplitude de la pénétration.

Cette posture, tout à la fois esthétique et sensuelle, combine là encore trois plaisirs primordiaux dans l'acte d'amour : la pénétration, les caresses mutuelles, et le plaisir de la vue durant le coït ■

Quel âge pour le premier rapport sexuel ?

Libéralisation des mœurs oblige, ce premier passage à l'acte se produit de plus en plus jeune chez les hommes (18,4 à 17,1 ans), mais aussi pour les femmes (21,3 à 17,9 ans).
Ce tassement de la "première fois" entre les deux sexes est remarquable lorsqu'on sait que, au début du siècle, il était d'environ 3 ans !

"Ni l'homme ni la femme ne peuvent avoir connaissance du plaisir éprouvé par l'autre. On ne peut pas percevoir les sentiments d'un homme. Comment pourrait-on décrire sa jouissance ?"

(Kâma Sûtra - Section 2 - Chapitre 1)

Cette posture ne nécessite que très peu de changements par rapport à la précédente. Pour y parvenir, il suffit que la femme replie ses deux jambes sur sa poitrine et qu'elle pose ensuite ses pieds sur les pectoraux de son amant. Les pieds, véritables parties du corps érotiques, ultrasensibles mais aussi tout à fait appropriés pour dispenser des massages, sont à cet instant le centre de la position.

De plus, il est à noter que cette posture provoque une rétractation du vagin qui, si le membre de l'homme est trop important, peut éventuellement faire souffrir. Chaque coup de reins doit donc être initié avec d'infinies précautions.

L'amant, pour sa part, pourra participer à la montée du plaisir en embrassant tendrement les chevilles ainsi que le dessus du pied de sa partenaire ■

Comment retrouver la passion des premiers temps ?

Souvent, l'habitude s'installe dans un couple et relègue au rang du souvenir lointain les fugueuses parties de plaisir qui pimentaient les relations sexuelles. Désamour ?
Pas si sûr que cela !
Pour réactiver l'appétence sexuelle initiale, il y a souvent un moyen simple : communiquer ! Durant l'amour, n'hésitez pas à guider votre partenaire, à lui demander de réaliser vos fantasmes, quels qu'ils soient.
Et n'oubliez pas ce que disait, en substance, Boris Vian : la pornographie n'existe pas... sauf dans l'œil de celui qui regarde !

La Position Pressée

A réaliser sans se presser le moins du monde, pour en retirer toute la quintessence !

Variante délicieuse de la position pressée, cette posture présente deux avantages principaux. Tout d'abord, elle favorise le frottement du clitoris contre le pubis de l'homme. Puis, elle réduit le raccourcissement du vagin. Les deux mains plaquées sur le lit, ou serrées sur les cuisses de l'homme, la femme prend ici davantage part à l'acte d'amour.

La jambe dépliée peut aussi, si l'amante le désire, enserrer les reins de son partenaire pour le maintenir toujours plus profondément en elle. En cas de fatigue, il suffit alors à celle-ci de plier le genou et de laisser son pied se reposer sur le lit ou sur ses fesses.

Contrairement aux apparences, l'homme ne dirige pas tout durant cette posture. En effet, le pied qui se plaque sur sa poitrine maîtrise la profondeur de la pénétration et le mouvement des hanches féminines en fait varier l'intensité ■

La Position demi-pressée

Les frissons se multiplient au fur et à mesure des caresses échangées amoureusement.

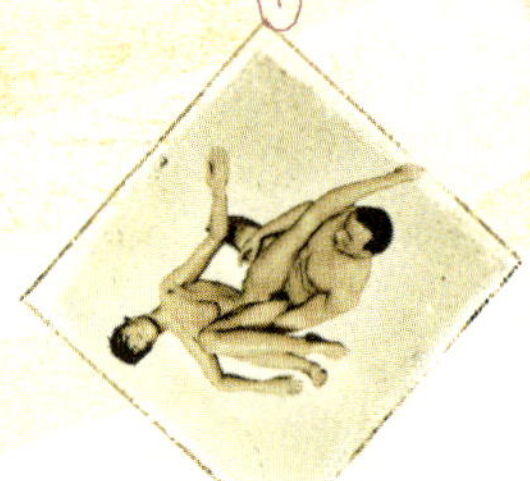

Les risques réels du Sida

54 % des hommes et 42 % des femmes disent avoir utilisé un préservatif au cours de leur vie sexuelle. Hélas, cette proportion n'était en 1995 que de 64 % chez les 20-24 ans. Parmi les multipartenaires, les chiffres sont inquiétants : 39 % des hommes et 58 % des femmes n'en ont jamais utilisé.

"Nulle part et à aucun moment, la passion ne connaît de règles, déclare Vâtsyâyana."

(Kâma Sûtra - Section 2 - Chapitre 3)

La Position de la fente du

Bambou

Un nom parfumé d'exotisme qui tient toutes ses promesses amoureuses, et bien d'autres encore.

Sans doute plus en adéquation avec l'idée que l'on se fait d'ordinaire du Kâma Sûtra, cette posture requiert indéniablement une certaine souplesse chez la femme. Celle-ci doit, durant les va et vient, poser sa jambe gauche sur l'épaule de son partenaire et, à son rythme, effectuer le même mouvement avec sa jambe droite. Outre un rétrécissement du vagin, cette alternance crée aussi un changement de sensations appréciable pour les deux membres du couple.

L'homme, s'il ne veut pas écraser sa partenaire, doit éviter de se reposer complètement sur elle. Celle-ci, avec ses deux mains restées libres, pourra explorer de ses caresses toute la partie supérieure du corps de son amant ■

Neuf techniques de pénétration

Pour Vâtsyâyana, il existe neuf techniques de pénétration pour les postures du Kâma Sûtra :

L'approche : les sexes se frottent l'un contre l'autre.
Le barattement : le pénis bien en main, on le fait tourner autour du sexe féminin.
La percée ou le bâton : la femme se plie en deux afin que l'intérieur du vagin apparaisse dégagé vers le haut.
Le frottage : le frottement se fait sur la partie inférieure du vagin.
La poussée ou le cruel : le phallus pénètre violemment la femme et reste pressé avec force un long moment.
Le coup de tonnerre ou l'ouragan : retirer puis réintroduire le phallus avec rapidité et fermeté.
Le coup du sanglier : effectuer des va-et-vient d'un seul côté du vagin.
Le coup du taureau : idem, mais en alternant les deux côtés du vagin.
La volée de moineaux ou le divertissement d'oiseau : alterner très rapidement pénétration et semi-pénétration.

"Pendant l'accouplement toutes ces impulsions naissent de l'ivresse érotique du moment ; comme les rêves, elles sont arbitraires et désordonnées."

(Kâma Sûtra - Section 2 - Chapitre 7)

Quand l'originalité se transforme en une alliée précieuse de l'érotisme…

La Position de la Pose d'un clou

Toujours plus originale, cette posture figure le marteau (jambe de la femme) et le clou (tête de l'homme). Nommée aussi l'empalement, cette position, où les deux jambes de la femme viennent se poser alternativement sur le front de l'homme, est synonyme de nombreux plaisirs grâce à la variation de la position du vagin autour du pénis. À l'aide de ses mains posées sur les hanches de l'homme, la partenaire peut réguler tout à la fois le rythme, mais aussi l'importance de la pénétration.

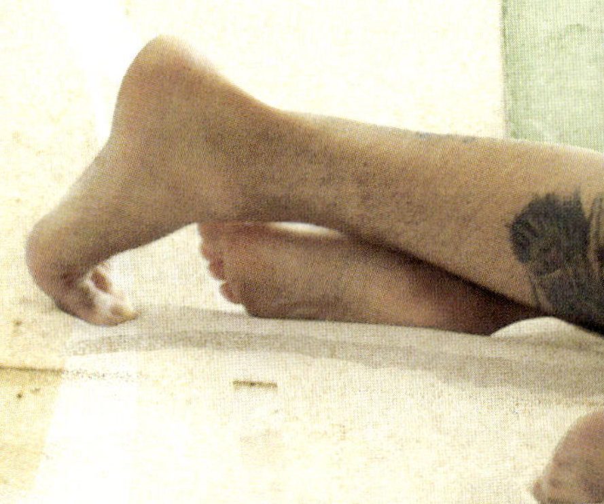

Dans cette posture, l'homme ajoutera un piment non négligeable à la montée du désir en embrassant, léchant et mordillant le mollet, la cheville, le pied et les orteils de sa partenaire ■

Faut-il être amoureux pour aimer ?

Les femmes apparaissent comme d'éternelles romantiques. Ainsi, elles seraient 91 % à avoir été amoureuses lors de leur premier rapport sexuel, contre seulement 67 % des hommes. En d'autres termes, et d'autres chiffres : 9 femmes sur 10 se sont données par amour, contre seulement 6 hommes sur 10 !

Particulièrement agréable pour les deux amants, qui ne font alors plus qu'un.

Comme un crabe rétractant ses pinces, la femme replie sur son ventre ses jambes qui restent plus ou moins écartées, selon ses désirs. En fonction de l'écartement, le vagin sera plus ou moins ouvert et la gamme de sensations qui en découlera est infinie. L'homme, de son côté, peut caresser le torse de sa partenaire ou, au contraire, s'accrocher à ses genoux pour régler l'écartement des jambes.

La Position du Crabe

Cette posture n'est pas des plus courantes et il faut une réelle communion entre les deux amants pour parvenir à la réaliser. Toutefois, elle permet de découvrir le corps de l'autre d'une manière agréable et assure aussi une jouissance profonde, une communion forte, d'intenses vibrations, et un vrai bonheur pour la femme comme pour l'homme ■

Les hommes seraient-ils des prétentieux ?

Les hommes, sans doute par un désir d'affirmer leur virilité, tendraient à surestimer notablement leur vie sexuelle passée. Ainsi, ils auraient connu sexuellement, en moyenne, 2,7 partenaires durant les cinq années passées contre seulement 1,4 partenaires pour les femmes... Certes, il y a un peu plus de femmes que d'hommes dans la population. Mais là...

"Bien que la fougue amoureuse et certains comportements semblent parfois prouver le contraire, la nature spécifique des deux sexes reprend, à la longue, ses droits."

(Kâma Sûtra - Section 2 - Chapitre 7)

"Ces pratiques d'amour ne conviennent pas à tout le monde.
Elles ne se font pas non plus n'importe quand."

(Kâma Sûtra - Section 2 - Chapitre 7)

La Position du Lotus

La femme devient une fleur sacrée quand l'homme sait être attentionné et doux.

D'une difficulté extrême pour tout un chacun, la position du lotus s'inspire librement de celle inventée par le yoga. Malaisée à réaliser dans le quotidien, elle devient source de plaisir dans les rapports amoureux, à condition que la femme soit d'une souplesse à toute épreuve.

Les avantages de cette posture tiennent surtout dans le fait que le vagin est comprimé au maximum et que les deux amants peuvent, de ce fait, ressentir un plaisir intense. Pour des raisons de commodité, il est préférable de réaliser cette union lorsque les deux partenaires sont sur le point de jouir.

Un autre avantage indéniable à cette posture : les deux visages sont positionnés face à face et l'enlacement, ainsi que le baiser, deviennent possibles ■

Sans aucun doute, la plus difficile des positions à réaliser !

La Position Tournante

Les passionnés de gymnastique et de souplesse vont être ravis ! Cette posture, qui se déroule en quatre phases, nécessite en effet un grand entraînement et une parfaite synchronisation entre les deux partenaires.

On l'aura compris, cette position tournante, source de nombreux plaisirs inédits, nécessite toutefois souplesse, précision et, pour l'homme, une grande force dans les pectoraux et les avants-bras ■

Phase 1 : Tout commence doucement, par la classique position du Missionnaire où l'homme garde ses jambes entre celles de son amante.

Phase 2 : Toujours abordable, l'homme fait passer sa jambe gauche par-dessus la jambe droite de sa partenaire, sans sortir son pénis du vagin.

Phase 3 : Plus complexe, la rotation se poursuit jusqu'à ce que les corps des deux partenaires forment un angle droit.

Phase 4 : Enfin, les deux amants se retrouvent tête-bêche pour un coït original. L'homme pourra honorer les pieds et les chevilles de sa partenaire et celle-ci, à l'aide de ses mains et de ses ongles, caressera d'une façon inédite les cuisses et les fesses de son amant.

La Position du

"Un cheval emballé continue sa course effrénée, sans souci des poteaux, des fossés, des trous et des étangs."

(Kâma Sûtra - Section 2 - Chapitre 7)

Protégez-vous !

L'utilisation du préservatif, lorsqu'on fait l'amour avec un partenaire de passage, est impératif ! Pour être bien protégé, il faut que le préservatif réponde aux normes en vigueur, soit à la bonne taille (afin d'éviter de glisser durant les rapports) et qu'il n'ait pas dépassé la date de péremption. Un préservatif est à usage unique et, puisqu'il est fabriqué avec du latex, il faut éviter d'utiliser des corps gras lors des pénétrations car ceux-ci agressent sa texture. Mieux vaut alors se tourner vers des produits spécifiques délivrés notamment dans les pharmacies.

Congrès suspendu

Une union délicate à concrétiser sans une certaine habitude, mais synonyme d'un plaisir certain.

Pour parvenir à réaliser cette posture de façon convenable, il est nécessaire que l'homme puisse s'adosser contre un mur ou une colonne. Là, il formera un siège avec ses deux mains sur lequel sa partenaire pourra venir s'asseoir. Elle, pour conserver son équilibre, s'agrippera au cou de son amant, faisant preuve par là même de toute sa passion.

Toutefois, attention : cette position peut être douloureuse pour la femme, selon la taille du pénis de son amant. En effet, entièrement ouverte, elle est "enfilée comme par un pal", et la pénétration doit donc être progressive et les brusques coups de reins sont déconseillés. Si l'amante possède suffisamment de forces, elle pourra aussi se rehausser à l'aide de ses bras et plaquer son buste contre celui de son partenaire ■

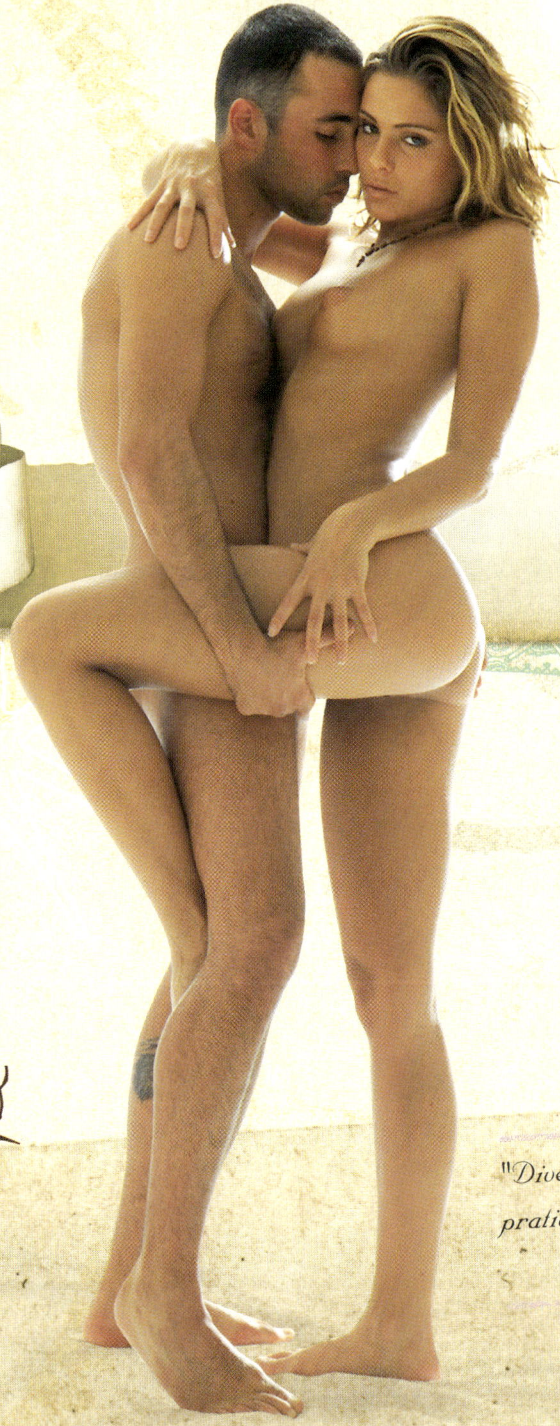

La Position du

"Divers enlacements que les Shâstra ne mentionnent pas doivent être pratiqués pendant l'union sexuelle si, bien entendu, ils entraînent une augmentation de la jouissance."

(Kâma Sûtra - Section 2 - Chapitre 2)

Toute la beauté d'une statue, tout le bonheur d'un enlacement privilégié entre deux amants.

Congrès appuyé

Cette variante du congrès suspendu offre l'avantage, non négligeable pour l'homme, de ne pas avoir à supporter tout le poids de sa partenaire avec ses mains. Celle-ci garde en effet un pied au sol, tandis que son autre jambe enveloppe la cuisse de son amant, pour rendre la pénétration à la fois plus profonde et plus aisée.

Lorsque les deux partenaires connaissent une différence de taille marquée, la seule solution consiste, pour l'homme, à écarter ses jambes et à se tasser sur ses cuisses ; pour la femme, à se hisser sur la pointe des pieds le plus possible. Afin de pimenter ce jeu amoureux et combler l'écart entre les tailles, l'amante pourra aussi chausser des escarpins, plus ou moins hauts selon la nécessité. Dans ces conditions, le congrès appuyé connaîtra une véritable réussite !

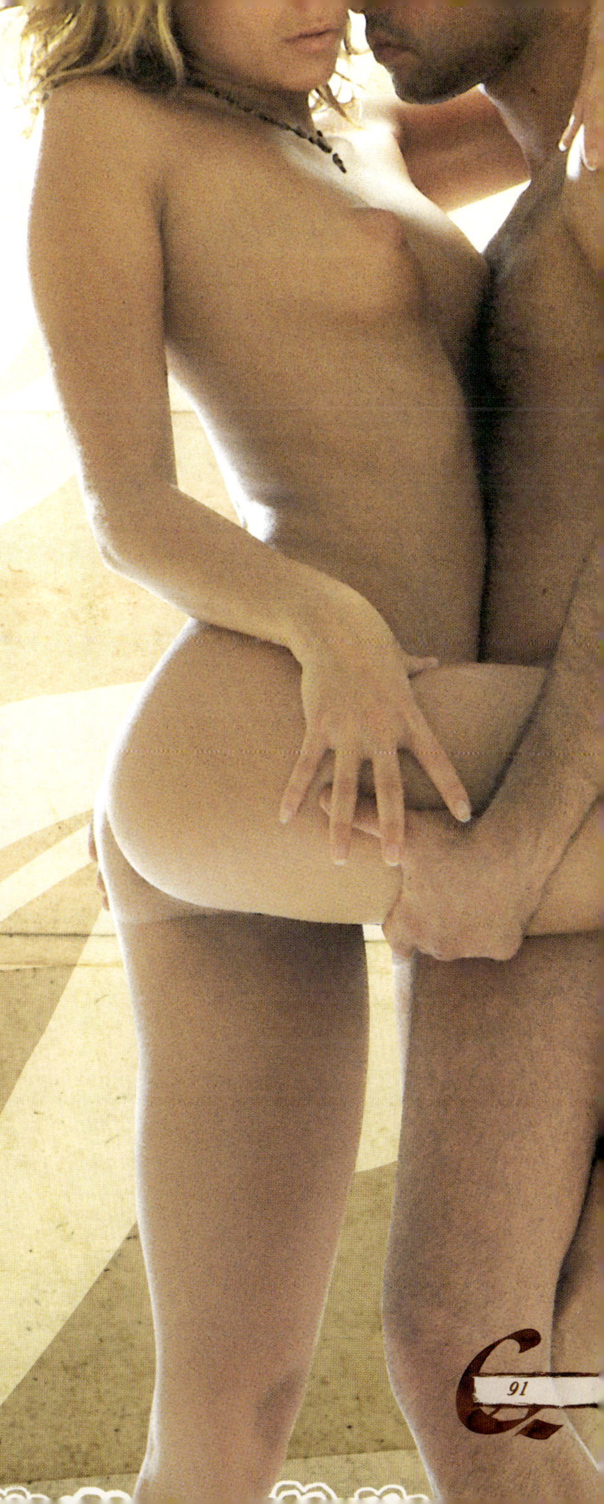

Complicité et souplesse riment alors avec une irrésistible montée du désir.

Dans le même esprit que celui de la position tournante, cette posture nécessite une grande habileté de la part des deux partenaires. Cette fois-ci, c'est la femme qui est dessus, qui domine l'homme. Celui-ci, couché sur le dos, ne peut aider sa partenaire qu'en la maintenant en équilibre à l'aide de ses bras ■

Phase 1 : Dans un premier temps, la femme le chevauche, accroupie sur son bassin.

Phase 2 : Puis, elle passe ses deux jambes sur le côté gauche de son amant, tout en commençant à le caresser de ses deux mains libre.

La Position

Phase 3 : Enfin, elle lui tourne le dos sans que jamais le pénis ne quitte le fourreau de son vagin. Assez acrobatiques et difficiles à réaliser, tous ces mouvements doivent être exécutés avec une grande douceur, sous peine de meurtrir ou blesser les organes génitaux des deux partenaires.

de la toupie

"Rudesse et impétuosité caractérisent la vitalité masculine. Tandis que tendresse, affectivité, douceur et aménité sont les tendances propres au sexe féminin."

(Kâma Sûtra - Section 2 - Chapitre 7)

Il faut absolument essayer cette posture pour en goûter toutes les saveurs...

La Position de la Balançoire

Assise ou allongée, la balançoire permet à la femme de régler le rythme et la profondeur de la pénétration grâce aux mouvements de va et vient de son bassin.
À genoux, serrant fortement les chevilles de l'homme entre ses mains, elle maîtrise totalement la situation et imprime alors la cadence qu'elle souhaite. L'homme, pour sa part, peut caresser sa partenaire d'une main tout le long de la colonne vertébrale, zone fortement appréciée par la majorité des femmes.

Cette posture est particulièrement érotique pour l'amant qui peut, ainsi, jouir du spectacle des reins et des fesses de sa partenaire ondulant à chaque mouvement

"Celui qui est expert dans l'art d'amour,
qui connaît sa propre force ainsi que l'ardeur,
la tendresse et la vigueur de sa jeune maîtresse,
doit tenir compte de ces mouvements
torrentueux et être prudent."

(Kâma Sûtra - Section 2 - Chapitre 7)

" On est assuré d'attirer sur soi l'amour, le désir et l'estime des femmes avec lesquelles on expérimente toutes ces formes d'unions (...) si, en outre, on laisse libre cours à sa propre fantaisie. "

(Kâma Sûtra - Section 2 - Chapitre 6)

La Position

Quand la femme domine l'homme physiquement,
mais aussi du regard, le plaisir augmente instantanément.

Cette posture ressemble fortement à la première phase de la toupie, sauf que la femme est y est alors à genoux. Tout le secret de la réussite de la paire de pincettes réside dans la capacité de la femme à savoir contracter ses muscles vaginaux. Véritable étau de muscles, son vagin permet de garder profondément le pénis de son partenaire et de le masser par des pressions douces et répétées. Dans le même mouvement, elle pourra aussi se caresser afin d'accroître sa propre excitation.

Permettant une pénétration très profonde, cette position est idéale pour que les deux amants atteignent l'orgasme de manière simultanée. Une fois la jouissance atteinte, la femme pourra, sans bouger son bassin, venir se blottir entre les bras de son partenaire ■

de la paire de pincettes

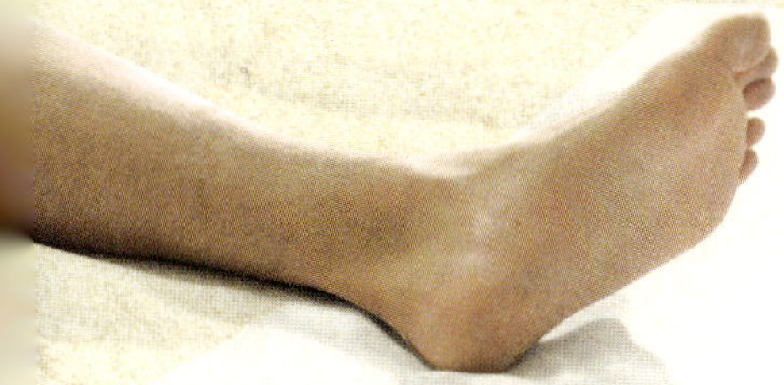

La prostitution en question

Au cours des années 1990-1995, 3,3 % des hommes ont eu recours à une prostituée pour faire l'amour, soit 5,4 % des 20-24 ans et 2,2 % des 65-69 ans. C'est aussi le cas de 2,2 % des hommes mariés, et 4,2 % qui vivent de façon maritale.

Dans cette variante du Missionnaire, la femme se trouve sur le ventre tandis que l'homme la pénètre vaginalement par derrière. Ce type de coït permet aussi une pénétration maximale. Les plaisirs qui découlent de cette posture peuvent aussi être notablement augmentés si la femme parvient à serrer ses propres cuisses pour maintenir le pénis de son partenaire prisonnier.

Si c'est l'homme qui impose le rythme des va et vient, c'est en revanche l'amante qui contrôle la profondeur de la pénétration. Malaisée pour échanger des baisers, cette posture permet pourtant à l'homme d'embrasser ou de mordiller le haut du dos, la nuque et les oreilles de sa partenaire ■

La Position de la Posture

Une union équilibrée, passionnante et passionnée, qui offre un plaisir partagé.

"Un homme avisé doit multiplier les occasions de jouissance en s'inspirant de l'accouplement des animaux sauvages et domestiques, et des oiseaux."

(Kâma Sûtra - Section 2 - Chapitre 6)

de l'éléphant

Comment retarder l'éjaculation ?

Le moyen le plus efficace semble encore être le suivant : il suffit que la partenaire presse à sa base le sexe de son compagnon, entre le pouce et l'index, quand elle sent que son désir monte trop vite. En règle générale, cela suffit à apaiser ses ardeurs, au moins pour un temps !

"On peut, de la même manière, imiter les autres animaux, monter une femme comme un âne, jouer comme un chat, attaquer comme un tigre, piétiner comme un éléphant, gratter le sol comme un cochon, la chevaucher comme un cheval. On apprend ainsi mille façons de copuler."

(Kâma Sûtra - Section 2 - Chapitre 6)

La Position

Le plaisir incomparable d'une position trop souvent décriée, mais à redécouvrir à deux.

Cette union, que l'on désigne communément sous le nom vulgaire de levrette, peut s'effectuer soit debout, soit à quatre pattes. Pour agrémenter cette position, l'homme peut aussi caresser le sexe et le clitoris de la femme avec ses doigts et embrasser le dos, la nuque et les oreilles. De plus, le contact du pubis masculin sur l'anus et le périnée de la femme accélère l'excitation de celle-ci.

du Congrès de la Vache

Considérée, dans l'inconscient collectif, comme une posture dégradante pour la femme - sans doute à cause des exemples donnés par la sexualité animale , le congrès de la vache garantit pourtant une montée de l'excitation et du plaisir pour les deux partenaires. Afin d'assurer la meilleure prise possible, l'homme peut saisir son amante au niveau de ses hanches ■

Et la masturbation chez les femmes ?

55 % des femmes françaises déclarent ne jamais se masturber... Derrière ce chiffre, qui ne révèle sans doute pas avec exactitude la réalité, se cache pourtant un tabou bien réel, lié à toute une éducation judéo-chrétienne. Le plaisir pour le plaisir serait mal, honteux.

Et pourtant.

La masturbation constitue, outre le moyen idéal de parvenir à l'orgasme selon son propre rythme, un excellent moyen de faire baisser le stress et de se sentir, tout simplement, mieux !

En guise d'épilogue

Le lecteur de cet ouvrage n'aura eu qu'une vision partielle du Kâma Sûtra. Pour obtenir plus d'informations, il est lui donc conseillé de se référer au texte lui-même ainsi qu'à divers ouvrages commentés qui sont consacrés à l'œuvre de Vâtsyâyana (cf. - bibliographie en fin d'ouvrage).

Dans ces volumes, il trouvera ainsi le texte à sa source et découvrira de nombreux aspects de ce traité de l'amour, non évoqués dans ces pages.

De plus, dans un appendice intitulé Les Secrets de magie ou Des Pratiques occultes (Aupanishadika), Vâtsyâyana conseille des breuvages, des mets ou des onguents aux amants qui ne seraient pas satisfaits de leur pouvoir de séduction ou de leur puissance sexuelle.
Ces recettes ne sont aujourd'hui, hélas, que difficilement réalisables. Toutefois, pour donner une idée au lecteur du contenu de cette section, on peut citer deux conseils de sage.

Pour accroître sa virilité, il faut "*composer un breuvage avec du lait sucré où l'on a fait bouillir un testicule de bélier. Ses vertus sont célèbres pour augmenter la vigueur sexuelle.*"
(Kâma Sûtra - Section 7 - Chapitre 1)

Ou encore, pour accroître la longueur d'un pénis : il faut "*se frictionner le membre avec le poil urticant de certains insectes vivant dans les arbres et ensuite calmer le feu avec de l'huile de sésame appliquée pendant dix nuits. (...) Il se produit un gonflement graduel qui devra obliger le patient à aménager un lit suspendu dans lequel il pratiquera une ouverture par le dessous. Il se couchera à plat ventre, laissera pendre par le trou son membre tuméfié et dormira ainsi, pendant toute la période du traitement.*"
(Kâma Sûtra - Section 7 - Chapitre 2)

Douloureux, mais les Dravidiens utilisaient, paraît-il volontiers, cet onguent dont les effets bénéfiques durent toute une vie !

Enfin, et puisque nous sommes dans une société où la pratique du sexe est, hélas, devenue synonyme de danger (MST, SIDA, etc.), il est impératif de rappeler que tout acte sexuel ne doit s'effectuer qu'avec l'utilisation de préservatifs ■

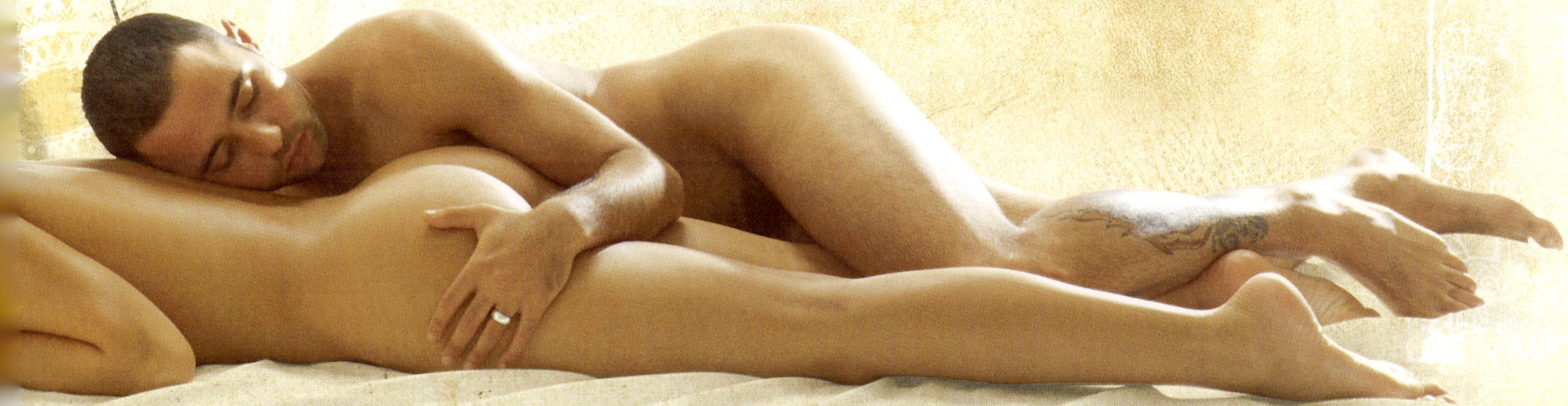

BIBLIOGRAPHIE

Les Kâma Sûtra
Vâtsyâyana - traduit du sanskrit et présenté par Jean Papin - Editions Zulma - 1991

Kâma Sûtra - Le Bréviaire de l'amour - Traité d'érotisme de Vâtsyâyana
Alain Danielou - Editions du Rocher - Jean-Paul Dertrand Editeur - 1992

Kâma Sûtra - Les Techniques classiques du plaisir pour les amants d'aujourd'hui
Anne Hooper - Editions hors collection pour la traduction française - 1998

Dictionnaire des postures amoureuses
Textes choisis et présentés par Jacques Cotin - Editions Philippe Picquier - 2001

Kâma Sûtra
Anne Johnson - d'après la traduction originale de sir Richard Burton - Sélection du Reader's Digest - 2000

L'Ascète du désir
Sudhir Kakar - Le Seuil - 2001

Dictionnaire érotique
Pierre Guiraud - Grande bibliothèque Payot - 1978 - 1984 - 1993

Le Kâma Sûtra
Présentation de Marc de Smedt - Editions Minerva (Suisse) - 1998

Dictionnaire des symboles
Jean Chevalier et Alain Gheerbrant - Robert Laffont - 1984

Francoscopie 1995
Gérard Mermet - Larousse - 1994

CRÉDITS

CRÉDITS PHOTOGRAPHIQUES

Toutes les illustrations de cet ouvrage sont la propriété d'ADCAN Edition,
à l'exception des gravures anciennes : Crédits agence SIPA PRESS (pages 4, 8, 10, 16).

PHOTOGRAPHE

Patrice BERCHERY > Deepzone Studio

Assisté de Philippe VOIRIN

MODÈLES

Clara MORGANE

Greg CENTAURO

MAKE-UP

Annabel DIART

ASSISTANTE DE PLATEAU

Camille THÉRY

CONCEPTION ET RÉALISATION

Work*aholics* Studio > Denis HÉRISSON, Éric LACAN

Assistés de Virginie FAVRE

CALLIGRAPHIES

Inthasack INTHAVONG

Pour leur collaboration à ce *Kâma Sûtra, Plaisirs et Positions amoureuses*, merci à

Chrystel MANFREDI-MATRINGE

Xavier SAVALL-ESCUDIER

L'impression et le façonnage
de cet ouvrage
ont été effectués
à l'Imprimerie LUSSAUD
85200 Fontenay-le-Comte

Dépôt légal 4e trimestre 2004
n° 3772
N° d'impression : 203673